活学活用

三十六计

以成都兴华印刷厂民国翻印本为底本

参考张本及流行本，经重新校订、编译而成

品墨　编著

百花洲文艺出版社

图书在版编目（CIP）数据

活学活用三十六计 / 品墨编著. 一南昌：百花洲文艺出版社，2018.5（2019.1重印）

ISBN 978-7-5500-2854-8

Ⅰ．①活… Ⅱ．①品… Ⅲ．①兵法－中国－古代 ②《三十六计》－通俗读物 Ⅳ．①E892.2-49

中国版本图书馆 CIP 数据核字（2018）第 109126 号

活学活用三十六计
品墨 编著

出 版 人	姚雪雪	
出 品 人	杨建峰	
责任编辑	周振明	
美术编辑	松 雪　王 进	
制　作	王 进	
出版发行	百花洲文艺出版社	
社　址	南昌市红谷滩世贸路 898 号博能中心 A 座 20 楼	
邮　编	330038	
经　销	全国新华书店	
印　刷	天津兴湘印务有限公司	
开　本	880mm×1270mm　1/32　印张　8.5	
版　次	2018 年 8 月第 1 版	
	2019 年 1 月第 2 次印刷	
字　数	290 千字	
书　号	ISBN 978-7-5500-2854-8	
定　价	36.00 元	

赣版权登字 05-2018-247

邮购联系　0791-86895108
网　址　http://www.bhzwy.com
图书若有印装错误，影响阅读，可向承印厂联系调换。

前　言

　　《三十六计》在我国从古至今传习久远，集中历代"韬略""诡道"之大成，被兵家广为援用，素有兵法、谋略奇书之称。书中不少计名、语汇竟能妇孺皆知，吟诵如流，可见此书生命力之雄勃，是我国文化也是世界文化中的珍宝。

　　自《孙子兵法》以降，兵书丛集，洋洋大观。见于记载者多达三千余种，保存至今者也在千种以上，而《三十六计》雄踞一流。其用途之广博达于社会、军事、人生的各个层面，即使《孙子兵法》在这一点上也难以企及，故古书上有称："用兵如孙子，策谋三十六。"

　　原书广引《易经》语辞，或以《易经》为依据。《易经》是中国古代的一种占卜书，实际上是一部充满朴素唯物论和辩证法思想的哲学著作，对古代军事家，如孙武、韩信等等，都有深刻的影响。他们都精通《易经》，据以演兵。《三十六计》正是在前人基础上，进一步研究《易经》中的阴阳变理，推演出兵法的刚柔、奇正、攻防、彼己、主客、劳逸等对立关系的互相转化，使每一计都体现出极强的辩证哲理。全书三十六条计，引用《易经》共二十七处，涉及六十四卦中二十二个卦。正是这薄薄一本《三十六计》含纳天下万般变异机理，启迪世人无穷兵谋智慧而绵延深长的原因。

　　古代兵书大多文辞深奥，难于晓读运用，恰好《三十六计》能含英咀华，将我国古代的军事、谋略思想，提纲挈领概括为三十六计，且计名多用成语，形象生动，通俗易懂，为世人所喜闻乐见。它并不重在理论阐述，而是将古代军事理论精华化为克敌制胜的计谋，每计均有明确的目的和实用价值，堪称中国古代兵谋书中令人叫绝的普及本。

该书成书约在明清之际，其作者很有可能是一位深谙兵法理论、悉通《易经》、满腹经纶的中下层失意知识分子，其名姓现今尚无确考，然而其独特的贡献功不可没。 本书原典以成都兴华印刷厂民国翻印本为底本，参考了张本及流行本，经重新校订、编译而成。

然而，后人深感遗憾的是如此有价值的兵书，成书年代已经距离我们太久远，很多人虽然对其敬仰却因为那些古老而陌生的文字对它望而却步，与这本智慧结晶失之交臂，错失了很多有裨益的精髓。 为了能让读者真正体会到阅读兵书智谋的乐趣，这本《活学活用三十六计》对《三十六计》以新的视角和立意对古典计谋做现代诠释，同时列举大量战例，使读者阅读婉转流畅，自由舒适。本书体例完备，阅读性强，编者在每章后面都精心概括出心得精要，将兵书战术与现实生活结合，给出我们在现代生活、经营管理等方面的建议。

希望更多的人能够喜欢这本《活学活用三十六计》，也希望通过本书能让更多的人深刻感悟《三十六计》的博大精深，了解我们国家悠久的军事、战争艺术，从而开阔视野，丰富知识，启迪智慧，增长才干。

2018 年 3 月

目　录

第一套
胜战计
第一计　瞒天过海／002
第二计　围魏救赵／011
第三计　借刀杀人／018
第四计　以逸待劳／025
第五计　趁火打劫／030
第六计　声东击西／036
第二套
敌战计
第七计　无中生有／044
第八计　暗度陈仓／050

第九计　隔岸观火／057
第十计　笑里藏刀／064
第十一计　李代桃僵／070
第十二计　顺手牵羊／077
第三套
攻战计
第十三计　打草惊蛇／088
第十四计　借尸还魂／095
第十五计　调虎离山／102
第十六计　欲擒故纵／111
第十七计　抛砖引玉／122
第十八计　擒贼擒王／128

第四套

混战计

第十九计　釜底抽薪／136

第二十计　混水摸鱼／145

第二十一计　金蝉脱壳／154

第二十二计　关门捉贼／160

第二十三计　远交近攻／166

第二十四计　假道伐虢／179

第五套

并战计

第二十五计　偷梁换柱／188

第二十六计　指桑骂槐／194

第二十七计　假痴不癫／200

第二十八计　上屋抽梯／208

第二十九计　树上开花／214

第三十计　反客为主／222

第六套

败战计

第三十一计　美人计／230

第三十二计　空城计／236

第三十三计　反间计／242

第三十四计　苦肉计／247

第三十五计　连环计／253

第三十六计　走为上策／260

第一套　胜战计

第一计　瞒天过海

【本计旨要】

瞒天过海是一种示假隐真的疑兵之法，主要用于战役伪装，常用来隐蔽军队集结和发起攻击的时间、地点等。瞒天过海之计可大可小，其重点在于一个"瞒"字。瞒就是蒙蔽，就是以假乱真、以假隐真。欺瞒是所有计谋的共同特点。

【计名探源】

"瞒天过海"的故事，见于《永乐大典》。据该书《薛仁贵征辽事略》记载，贞观十七年（643年），唐太宗御驾亲征，统大兵三十万，攻打高丽。但是，当他来到海边时，但见海水浩渺，无边无际，便产生了退兵之意。回到行营，他马上召集各路统兵将领前来商量对策。行军总管张士贵说：现在一时也拿不出什么好主意，等他回去想一想再来回禀。

回到自己的寨中，张士贵立即派人请来薛仁贵一起商量。薛仁贵说：此事不难，只需如此如此，便可让皇上平安渡海，继续东征。张士贵听罢，不禁满心欢喜。

数日之后，张士贵与各路将领前去晋见太宗，说是此地有一豪富老人，愿为大军提供粮草，今特来求见皇上。太宗大喜，当即传老人进见。老人则请太宗与文武官员到他家中看看，太宗遂携文武百官一同前往。行不多远，未见大海，却见眼前一片豪华屋宇，鳞次栉比，规模非凡。

老人躬身请太宗进入一个房间，房间内四壁帷幕低垂，地上铺着名贵地毯，布置奢华。太宗与随行众官各自落座，一边品尝美酒，一边闲谈军务。就这样，不知不觉地过了很长一段时间。突然间，太宗听得"屋"外波涛滚滚，声如雷动，并且发现摆在桌子上面的杯盏都倾斜摇晃起来。他不禁心下生疑，遂命人拉开帷幕观看，这才发现，原来自己乘坐在一艘巨大的战舰之上，正乘风破浪，驶向前方。他忙问张士贵这是怎么回事，张士贵回答说："这是臣用的渡海之计。现在，陛下与三十万大军已经远离岸上，很快就要渡过大海了。"

同样的故事情节，还见于清代乾隆元年（1736 年）刊印的一部小说《说唐》，此书中就有"瞒天计太宗过海"这样的回目，只是原来的人物张士贵和薛仁贵变成了徐懋功和尉迟敬德，海边的"华屋"则变成了海上"木城"。

从上述故事不难看出，"瞒天过海"中的"天"原来是指太宗皇帝，而"过海"还真的是过海。这个故事虽只是小说家言，并非史实（当年唐太宗征辽东是水、陆并进：陆路总指挥是时任辽东道行军大总管名将李勣，水路总指挥是时任平壤道行军大总管名将张亮，而太宗走的是陆路），但其中的确蕴含着深刻的谋略思想。

【原典】

备周则意怠①，常见则不疑。阴在阳之内，不在阳之对②。太

---

① 备周则意怠：防备十分周密，往往容易让人斗志松懈，削弱战斗力。
② 阴在阳之内，不在阳之对：阴在阳之内，不在阳之对，在兵法上是说秘计往往隐藏于公开的事物里，而不在公开事物的对立面上，就是说非常公开的事物往往蕴藏着非常机密的计谋。阴，指机密、隐蔽；阳，指公开、暴露。

阳，太阴。

如果防备得十分周密，意志就会懈怠下来；对于平常看惯了的，往往就不再怀疑。秘密蕴藏在公开的事物中，而不是与公开的事物相对立。极为公开的事情里往往隐藏着极其隐秘的计谋。

【读解】

"瞒天过海"在兵法上一般用来作战役伪装，以期达到出其不意的战斗效果。

瞒天过海的情形很多，大而言之，可分为以下几种：

（1）阳奉阴违。 表面上顺从，暗地里不从。 这样就会使对方放松警惕，为"过海"创造有利条件。

（2）制造假象。 抓住对方弱点，制造假象迷雾，以假乱真，从中取利。

（3）转移视听。 把对方的注意力转移到别处，使对方不知道自己的真正意图。

（4）隐迹潜踪。 《孙子兵法》说："形人而我无形。"即用欺骗的手段使对方暴露企图，而自己却不露形迹。 所谓"三军之事，其重于密"，自己无形而对方有形，当然会无往不胜。

在古今中外战争史上，施展瞒天过海之计，出奇制胜的战例不胜枚举。 589年，隋朝准备攻打陈国（都城在今南京）。 战前，奉命统领江防的隋朝将领贺若弼每次调兵遣将时都把兵力集中在历阳，所以历阳一带战旗遮天、帐篷遍野。 起初，陈国误以为是隋朝大军压境，遂发动全国兵马全力迎敌，但后来发现那只不过是隋军的调防而已，只好撤回部队。 如此三番五次之后，陈国人就习以为常了，戒备也逐渐松懈下来。 直到隋将贺若弼引领大军渡江来袭时，陈国人居然仍未觉察。 于是隋军轻而易举地攻占了南京。 隋军正是用调防的假象隐蔽了渡江的企图，趁陈国戒备松弛之时攻城略地、一举得胜。

"瞒天过海"的关键在于利用人们对社会现象的习惯定式和熟视无睹的现象、信而不疑的心理，趁人不备，进而实现自己的目的，实际上就是"攻其无备，出其不意"。 如此示形欺敌之法可以千变万化，目的就是为了使敌人产生错误判断。 若要让敌人生疑，示己之形时就应该因时、因地、因敌而变。 用兵双方都求诡道，一方的诱敌成功，必以另一方的判断失误为前提，关键看谁更棋高一招。 高明的将领总是能在知己知彼的基础上，用示形之法诱敌人生疑，使敌人作出错误判断。

在战争中，常常要伪装骗敌、故布疑阵、真假虚实结合，令敌人真伪难分，"瞒天过海"可谓是久用不衰的谋略。

【活学活用】

活学活用一：秦二世夺权篡位

秦始皇三十七年（前210年）十月，始皇巡游会稽、琅琊等地，丞相李斯、中车府令赵高以及始皇的小儿子胡亥等人随行。他们刚到沙丘，秦始皇就病倒了。 他自知时日不多，便命赵高起草遗诏，召远在边疆蒙恬军中监军的长子扶苏赶回都城咸阳。 但始皇没有等到诏书发出，就一命呜呼了。 于是，诏书和始皇的玉玺便落到了赵高的手中。

由于始皇死在宫外，李斯害怕受牵连，于是封锁了始皇驾崩的消息，除了李斯、赵高、胡亥以及几个贴身宦官以外，无人知晓。赵高自小就是宫中的宦官，曾是胡亥的老师，两人的关系非常好。

而始皇的长子扶苏性格刚正不阿，对赵高有很深的成见，而且与武将蒙恬亲近。扶苏曾多次不留情面地直谏秦始皇，所以始皇不喜欢他，派他和蒙恬一起戍守边境。但其实始皇还是把扶苏作为继承人来培养的，派他去边疆是为了让他增长治国的经验。

赵高很清楚，如果扶苏接到圣旨就会回到咸阳。尽管始皇并没有明确说明传位给扶苏，但长子继承皇位是惯例。由于害怕扶苏做了皇帝后危及自身，赵高便动起了歪主意。既然始皇的玉玺及遗诏都在自己手上，而且始皇临终的意思也只有胡亥、李斯和自己三人知道，何不说服他们二人，假传圣旨，把皇位掉包给胡亥，然后再找个莫须有的罪名逼迫扶苏和蒙恬自杀，这样一来，自己的权势岂不比秦始皇时期还要大吗？

他打定主意，便去找胡亥，私下对他说："始皇在世时没有册封你们任何一个王子，事实摆在面前，扶苏一旦回到咸阳就会登基做皇帝，但你却得不到一尺一寸的土地，你觉得公平吗？"胡亥道："没有什么公平不公平的。常言道：'知子莫如父。'我想父王这样安排，肯定有他的道理。"赵高接着劝道："那可说不准。谋事在人，现在天下就在你我和丞相李斯三人手中，扶苏和你谁做皇帝还不一定呢。让我去劝说李斯，篡改遗诏把你立为皇帝吧。"起初胡亥并不同意，但经赵高的巧舌劝说后也就默许了。之后，赵高去找李斯，摆明其中的利害关系：如果扶苏做了皇帝，必定会重用蒙恬，把李斯取而代之。开始李斯也是拒绝，后来经赵高的再三劝说也就同意了。

就这样，赵高连同丞相李斯和王子胡亥一起篡改了圣旨，并将其送到戍守边境的扶苏处。假诏书斥责扶苏屡次上书肆意非议朝政，要求扶苏自刎；而蒙恬戍边十几年毫无战功，实为对国不忠，也令其自尽。回到咸阳后，他们发丧天下并宣读始皇的遗诏，立胡亥为太子。而后胡亥登上帝位，史称秦二世。

活学活用二：杨坚父子灭陈

东晋灭亡之后，经过二百多年南北朝对峙的局面，中国又重新得到统一。这次统一就是从隋文帝消灭陈朝开始的。

北周的贵族杨坚，借口周静帝年幼，以"入宫辅政"为名，乘机掌握北周的军政大权。581 年 2 月，杨坚逼迫静帝退位，自己当了皇帝，改北周为隋，这就是隋朝的第一个皇帝隋文帝。

隋朝建立以后，在江南唯一能和它抗衡的只有陈朝。因此，要统一中国，必须扫除陈朝。隋文帝为了灭掉陈朝，着手在国内进行了一系列的经济和政治改革，采取了诸如减轻赋税、废除残酷刑罚、裁减官吏等积极措施。果然，几年之后，北方生产得到迅速发展，人民生活有了很大的提高，社会秩序逐渐得到安定。

隋文帝鉴于出兵进攻陈朝的时机逐渐成熟，就召集朝中的文武大臣，共同商量灭陈大计。仆射高颖说："要消灭陈国，必须先毁坏它的粮食储备。江南的房屋、粮仓，多是稻草盖的，只要一放火，就使它的房屋、粮仓化为灰烬。没有粮食，他们还怎么打仗呢？"隋文帝连声称赞："好计！好计！"高颖又说："他们割稻子的时候，我们派兵骚扰。等到他们把割稻子的士兵集中起来的时候，我们就立即收兵，像这样一而再，再而三，他们看到我们并不是真打，一定会放松戒备。那时我们就打它个迅雷不及掩耳，突破长江天险，那么江南的半壁江山不就都归我们了吗？"隋文帝听了高颖的计策，十分高兴，立即下令出兵骚扰江南。同时指派大臣杨素火速赶造渡江用的战船。

此时，陈后主还是照样骄奢淫逸，过着花天酒地、纸醉金迷的生活。他大兴土木，建造楼台亭阁，宫殿用黄金铺地面，白玉砌台阶，整天和最宠爱的张贵妃、孔贵嫔以及专会阿谀奉承的几个大臣一起寻欢作乐。他还越来越迷信，梦见穿黄衣服的人围城，认为是橘树兴妖作怪，便派人把城墙附近的橘树全部砍掉。看见狐狸，就叫嚷出了妖怪，还假装把自己卖给佛庙当杂役，认为这样可以免遭灾祸。

隋朝将领贺若弼按照原定的战略部署，规定凡守备江防的部队，每次调防时，都要在历阳（今安徽省和县一带地区）集中，并且遍插旌旗，广搭帐篷，用来迷惑敌人。果然，陈国以为隋军要来进犯，立即调集国内全部兵力严密防御，随时准备迎击。不料隋军始终没有进攻的举动，只不过是守备部队例行调防而已。渐渐地陈军对隋军的插旗、搭篷这一套作法习以为常，戒备又松懈下来。不久就把调来加强防御的重兵撤回。

588 年 10 月，隋文帝见条件已经成熟，决定渡江灭陈。在发兵之前，还特地下诏揭露陈后主的罪恶，并抄写二十万份，派人暗地到江南各地散发，广造舆论，争取人心。随后，就派他的二儿子晋王杨广为兵马大元帅，率领五十万大军，从东海到永安郡（今四川省奉节县），兵分八路，浩浩荡荡同时渡江。陈朝守军的告急文书，像雪片一样飞到建康（今江苏省南京市）。这时，陈后主才慌忙地召集大臣商议对策。都官尚书孔范故作镇静，说："长江古称天堑，隋军难道能长翅膀飞过来不成？这不过是守边的将领谎报敌情，想要骗取奖赏罢了。杀他几个，就没有敢说谎话的了！"昏庸的陈后主一听，又高兴起来，他竟然挺胸昂头地说："这话有道理，建康自古是帝王之都，朕受天命当皇帝，怕什么？从前，北齐三次进犯，都失败了；北周两次入侵，也都碰了壁。今天，小小的杨坚还能成多大气候呢？"

开皇九年（589 年）正月初一的清晨，大雾茫茫，江面上伸手不见五指，当时陈朝君臣还在酣睡之中，而两支分别由大将贺若弼、韩擒虎率领的隋军，静悄悄地渡过了长江。他们汇合在一起，衔枚疾进，马不停蹄，迅速接近并且包围了建康城。

　　当时，建康城里还有十几万陈朝军队，地势又险要，如果能很好地组织兵力，积极防守，是难以被攻破的。但是陈后主昏聩无能，他见隋军兵临城下，急得没有一点主意，只是日夜哭泣。大将萧摩诃建议趁隋军还没有站稳脚跟，立即出兵攻打，一决胜负。孔范也对陈后主说：“臣以为应该出兵决战，如果战败，甚至战死了，还会青史留名！”陈后主听了他们的话，立即命令萧摩诃、任忠带兵出城决战。由于陈朝士兵长久没有训练，将士过惯了享乐生活，军心涣散、士气低落，毫无战斗力。两军一交手，陈军立即溃退，争相逃命。将官任忠投降了隋军，带着隋将韩擒虎冲进建康城的正门朱雀门，向守城的陈军大声喊道：“连老夫都投降了，你们还打什么？”守城士兵听了，便一哄而散。贺若弼活捉了萧摩诃，从北门冲进了建康城。

　　这时候，陈朝文武百官都已纷纷逃命，昏君陈后主还坐在殿上，等候捷报传来。忽然听到一片杀声，他才知道隋军已经打进城，吓得跳下宝座，跑往后宫。他找到张贵妃、孔贵嫔，一手拉着一个，想逃出宫去。刚逃到景阳殿的井边，听到前边杀声震天，陈后主自知无路可逃，就拉着两个妃子，一起跳进井中，因是枯井未死，都被隋军俘虏。

　　隋军将士看到这个情景，气愤地说：“像这样荒唐的君主，怎么能不亡国呢？”这口井原名景阳井，自从陈后主跳入这口井后，人们就改称胭脂井，借此来嘲笑陈后主的荒淫无道。陈朝的一些遗老，认为这是陈朝的耻辱，又把这口井称为“辱井”。开皇九年正月二十二日，隋晋王杨广进入建康城，陈朝宣告灭亡。

隋朝用了"瞒天过海"之计和以假乱真的疑兵之法，前后只用了四个月的时间，就轻易地取得了军事上的胜利，彻底消灭了陈朝，完成了统一大业。

【心得精要】

瞒天过海是三十六计中的第一计，这一计的产生本是出于一种善意的欺骗，后来却被演变成为了达到某种目的的阴谋。瞒天过海之计可大可小，它不仅被用于重要的战略战术，也被演变成生活中化解尴尬的智谋。所以，在使用此计时，要考虑周详，干得周密，否则便可能弄巧成拙，后悔莫及。

第二计　围魏救赵

【本计旨要】

在战争中，当一个战略要塞遭遇到强大敌人的围攻，危在旦夕之时，该如何去进行解救呢？ 如何利用智慧的谋略，避免与强大的敌人正面交锋，却能够将危机化于无形呢？ 答案不言自明：围魏救赵。 该计谋可以说是三十六计中最精彩的智谋之一，它的精彩之处在于，它是以逆向思维的方式，以看似舍近求远的方法，绕开问题的表面冲突，从事物的本源上去解决问题，从而取得一招制胜的神奇效果。

围魏救赵是三十六计里的第二计，主要用于解围。 古人云："治兵如治水。"面对来势凶猛的强敌，一味硬碰，无异于以卵击石，所以应当避其锋芒，采用疏导引流的办法：或者攻击敌人的薄弱之处牵制它，或者袭击敌人的要害部位威胁它，或者绕到敌人背后打击它。 如此一来，敌人就不得不放弃原来的目标。 这是一种转化敌我双方地位的迂回策略。

【计名探源】

事见《史记·孙子吴起列传》，是讲战国时期齐国与魏国的桂陵之战。 中山原本是魏国北邻的小国，后被魏国收服，不久，赵国乘魏国国丧之际强占了中山。 前 354 年，魏惠王欲报失去中山的旧恨，便派大将庞涓前去攻打赵国。 而庞涓认为中山不过是弹丸之地，不如直接攻打赵国都城邯郸，既解旧恨又得城池，可谓一举双得。魏王高兴地答应了，随即拨五百战车，以庞涓为将，直抵赵国包围其都城邯郸。赵王在危难之中火速向齐国求救，并许诺解围后以中山相赠。齐威王应允，令田忌为将，并起用从魏国救回来的孙膑为军师领兵出发。

当田忌与孙膑率兵到达魏赵交界时，田忌想直接发兵赵国邯郸，孙膑制止说："解乱结绳扣，不可以用蛮力撕扯；排解争斗，不能参与搏击。平息纠纷要抓住要害，乘虚取势，双方因受到制约才能自然分开。现在魏国精兵倾国而出，国内空虚。若我军直攻魏国，那庞涓必将回师解救，这样一来邯郸之围便会自解。我们再于中途伏击庞涓退兵，其军必败。"田忌依计而行。果然，魏军立刻撤离邯郸，归途中在桂陵遭遇齐军袭击。魏军长途跋涉，疲惫不堪，以逸待劳的齐军突然出击，魏军大败。庞涓勉强收拾残部，退回大梁。齐师大胜，赵国之围遂解。这便是历史上有名的"围魏救赵"的故事。

【原典】

共敌不如分敌①，敌阳不如敌阴②。

【精义】

与其攻打兵力集中的正面强敌，不如先用计谋分散它的兵力，然后各个击破；与其主动出兵攻打敌人，不如迂回到敌人虚弱的后

---

① 共敌不如分敌：共，集中的。分，分散，使分散。句意：攻打集中的敌人，不如设法分散它，而后再打。
② 敌阳不如敌阴：敌，动词，攻打。句意为先打击气势旺盛的敌人，不如后打击气势旺盛的敌人。

方，伺机歼灭敌人。

【读解】

"围魏救赵"有三种含义：

一、避实击虚。《孙子兵法·虚实篇》认为，水的流动规律是避开高处而流向低处，同样道理，用兵的规律是避开敌人的坚实之处而攻击其薄弱之处。避实击虚是克敌制胜的法宝。

二、以攻为守。进攻是最积极的防御。在敌兵压境的情况下，如果一味地防御，就会越来越被动。应当利用一切机会发动进攻，打乱敌人的阵脚，从而变被动为主动。

三、以迂为直。在几何学中，两点之间的直线距离是最短的。但在战争中，最直接的方式却不一定最有效。这就好比上山一样，如果从山下直接向上攀登，路途虽近但危险性很大；假如绕山盘旋而上，虽然多走了一段路，却能够平安地到达山顶。

妙计的效果常常令人击节赞叹，然而计策的运用却有其内在条件。"围魏救赵"的实施要具备以下条件：首先，施计者需要有过人的眼光和超群的才智，有广博的知识，善于观察周围的环境变化，发现对手的弱点；其次，此计对于实力略处下风的一方尤为有效，弱势者要耐得住性子，后发制人；再次，施计者不能只满足于解围，要有更远的打算，通过调动敌人，最终打击敌人，这需要远见和勇气。

由此可见，"围魏救赵"的要点是"敌阴"，它的精髓就在于避实就虚，进攻敌方的薄弱环节，以达到最佳的战争效果。

【活学活用】

活学活用一：狐偃攻卫解宋围

狐偃，又名子犯、舅犯、狐子等，春秋时期晋文公重耳的舅舅，故又称舅氏。 狐偃因跟随重耳在外逃亡十九年，成为晋文公的心腹，官至上军佐。 关于重耳的流亡生涯，还得从头说起。 重耳的父亲晋献公晚年时，十分宠爱妃子骊姬。 骊姬心狠手辣，为了让自己的儿子奚齐登上王位，设计害死了太子申生，公子重耳闻讯后连忙远走他国避难。 狐偃跟随重耳先后流亡到齐、曹、宋、郑、楚、秦等国，受到齐桓公、宋襄公、楚成王、秦穆公的热情接待。 前636年，在秦国军队的护送下，重耳回国即位，是为晋文公。 重耳四十三岁出逃，直到六十二岁才回到晋国，在外流亡长达十九年，历经磨难，终于当上了国君。

前634年，楚成王拜成得臣为大将，纠集陈、蔡、郑、许四国军队进攻宋国。 宋成公马上派司马公孙固到晋国求援。 晋文公闻讯后左右为难：宋襄公在他流亡期间待他很好，现在宋国有难，理应前去救援；但楚成王在他流亡的时候待他也不错，难道真的要和楚国刀兵相向吗？ 于是，晋文公召集群臣商议办法。 新提拔的将军先轸说："楚国强横中原，觊觎霸权，早晚要与我们兵戎相见的。 这是上天赐给我们在诸侯中树立威望的良机，我们不能坐失良机！""那么，又该如何去解除宋国之围呢？"文公问。 狐偃说："曹卫两国与楚国关系密切，卫国最近还同楚国结了亲。 如果我们派兵去攻打曹卫，楚军必然来援救，那么，宋国之围就可以解了。"

晋文公同意了这个计策。 任命先轸为元帅，出师南渡黄河，先后攻克了卫国的五鹿和卫都楚丘；然后挥师向曹，括捉了曹共公。 这时，楚军已攻打到宋都睢阳，忽然接到卫国告急的消息，楚成王便留下成得臣继续围困宋都，自己则率军前去救助卫国。 半路上，楚成王又得知曹国都城已被晋军攻下，曹君已被俘虏，楚国本土受到极大威胁。 情势紧急，迫于无奈，楚成王只得命令成得臣从宋国撤出全部人马，以确保本国安全。 就这样，晋文公用狐偃的"围魏救赵"之计成功地解除了宋国之围。

活学活用二：景阳救燕退三国

战国时期，齐、韩、魏三国联合起来攻打燕国，燕国眼看危在旦夕，便派太子到楚国救援。 楚王与燕王交好，立即命景阳为将，率兵以解燕国之围。

在当时的情况下，直接冲上前线，同三国联军对阵固然可起支援燕国的作用，但楚国的军队并不十分强大，贸然向三国联军发起进攻，显然要冒极大的风险。 聪明的景阳没有直接发兵救燕，而是选择了三国军队中最为强大，而后防最为空虚的魏国作为敌手，用一支精干的轻骑军偷袭魏国的雍丘，结果很轻松地便取得了胜利。

在魏国的城镇中，雍丘虽然不算一个显赫的城市，但一旦被楚军夺去，国内的民心开始混乱，前线将士的士气也受到了很大影响。 在攻燕的战斗中，魏军由于思乡心切，作战也不如往常那样积极勇敢了，这就间接地支援了燕国。

攻占雍丘后，楚王十分高兴，准备重赏为他开疆拓地的将领，然而景阳却坚持要将雍丘作为礼物送给宋王。 楚王十分恼怒，派人前去质问景阳。 景阳回答说："本来我们此次发兵目的，是去救助燕国，解燕国之围的，怎么可以为了区区一座小城而使亡国的危险降临到楚国的头上呢？"来人不解，问："难道我们占据一个小城就会亡国吗？ 这实在是危言耸听。"

景阳不急不躁地答："表面看来，我们攻占雍丘，一方面援助了燕国的正面战场，一方面又多占有了一座城市，可谓一举两得，可如果这样做，祸事也就临头了。 楚国虽然兵强马壮，国力殷实，但与齐、韩、魏三国联军来比，实力还是处于下风。 魏国见楚国乘机夺去一座城市，必不甘心，肯定回师声讨，如到那时，燕国战乱刚息，必不能有援于我。 我们将独力同三国联军作战，难道我们就没有战败的危险吗？ 一旦战败，国家还能够存在吗？ 这怎么是危言耸听呢？ 如果我们把它送给宋国，宋国的国君肯定十分感激我们，因为他们早就垂涎这座城市。 如果我们有难，他们还会发兵援助我们，除了这样做，难道我们还有更好的方法吗？"来人心悦诚服，回去如实向楚王做了禀报，并将雍丘送给了宋国。

果然，没过多久，三国联军便罢兵不再攻打燕国，转而攻打楚国。 魏国的大军驻扎在楚军的西边，齐国的军队驻扎在楚军的东边，楚军的后路也被阻断了，形势十分危急。

胸有韬略的景阳再次使用围魏救赵之计，他采取了联齐打魏、声东击西的战略。 白天晚上，景阳不断派出使者假意前往齐军的营地进行谈判，每次去都大事张扬。 白天去时驾着马车，带着丰厚的礼品，晚上去时则点燃灯笼火把，同时也派疑兵来往于楚韩两军之间。 三国的军队看到后，都以为另外两国的军队在同楚军谈判，害怕盟军做出不利于己的行动，齐军首先撤兵，紧跟着韩国撤军。 最后只剩下魏国一支军队，他们看到孤掌难鸣，而楚军又难以攻破，只好言和罢兵。

就这样，景阳多次巧妙的采用围魏救赵之计，不但替燕国解除了灭国之危，还机智地使三国联军不战而退，在历史上，这是极为成功的战例。

【心得精要】

运用"围魏救赵"一定要注意，它的精髓就在于避实就虚。

"围"仅仅是手段，"救"才是根本性的目的。 要达到"救"的目的，当然要分散对方注意力，但是"围"是虚，"救"是实。一定要着眼于通过让对手疲于奔命，拉远敌我双方实力的差距，为随后的战略决战打下坚实的基础。 要注意积蓄力量，等待时机，避免"明火执仗"，过早地暴露自己。

第三计　借刀杀人

【本计旨要】

借刀杀人，是为了保存自己的实力而巧妙地利用矛盾的谋略。借刀杀人要借得好，对"刀"的要求很高：首先要你的盟友有切实的利益牵涉在你和第三方之间，你的对手获胜会对盟友造成威胁，或者他们两者本来就是死敌。如果没有实际的利害关系，你很难把他拖下水为自己效力。此外，这把刀要锋利。如果你的盟友不够强大，那只有你自己和对手硬碰，因为你实在无法从他那里获得什么帮助，钝刀是杀不死人的。除此之外就要看你的口才了，如何说得对方不请自来帮助你，也是一种学问。

【计名探源】

此计出自明代戏剧《三祝记》。该剧说的是北宋时期，范仲淹的政敌密谋策划，让没有作战经验的范仲淹领兵征讨西夏，其目的是借兵强马壮的西夏军队这把"刀"除掉范仲淹。《兵经百字·借字》中说："艰于力则借敌之力，难于诛则借敌之刃。"借他人之手除掉对手，自己却不抛头露面，这种间接杀人的计谋，就叫"借刀杀人"。

【原典】

敌已明，友未定①，引友杀敌，不自出力，以《损》②推演。

【精义】

谁是敌人已经很清楚了，而谁是盟友尚不明朗，未定的盟友对主战的双方持徘徊、观望的态度，借用他们的力量去打击敌人，自己不用费力，以《损》卦推演。

【读解】

"借刀杀人"的核心意思是：借助第三方的力量削弱甚至消灭敌人。

如果单从解语的字面意思看，"借刀杀人"之计并没有多么深奥的道理，它主要是指自己不出力，却借助第三方的力量削弱甚至消灭敌人。但是，事实上问题并非那么简单。首先，这里有个究竟应当"借"谁的力量和如何去"借"的问题。如果不能洞悉各派力量之间的利害关系以及他们所面临的形势、问题和本身的态度，就很难达到目的。

一般说来，世界上是没有人愿意成为"刀"而为别人所"借"的。但是正如司马迁所说，"天下熙熙，皆为利来；天下攘攘，

---

① 友未定："友"指军事上的盟军，也泛指一切可以与之结盟或加以利用的个人或力量。本句的意思是盟友的态度尚不明朗，有在旁边观望、伺机而动的意图。

② 《损》：这里特指《易经》"损"卦。"损"的意思是减损。"损"卦的内容是说明损与益两个对立方的关系，暗含了"损"与"益"的转化可能。就像是借用盟友的力量去打击敌人，固然会使盟友的一方受到损失，但从自己的角度来说，盟友的损失也符合自己的利益。

皆为利往"，也如西谚所说，"没有永远的朋友，只有永远的利益"。由于利益的驱使，总是会有人甘愿当"刀"而为人所"借"的。所以，只要能够准确地把握各种力量之间的利害关系，就不愁"借"不到"杀人"之"刀"。这是"借刀杀人"之计所以能够被屡屡成功运用的现实基础。

应当指出的是："借刀杀人"也包括"借"敌之"刀"以"杀"敌的意思，而且现实中这样的例子并不在少数。不过，这种情况的"借刀杀人"，往往要和反间计结合使用。例如，《韩非子·内储说下》就记载了这样一个故事：春秋时期，郑桓公打算袭击郐国。他先打听清楚了郐国有哪些有本领的文武臣子，一一记下他们的姓名，宣布打下郐国之后，将分给他们良田，封赏他们官爵，然后煞有介事地在城外建造祭坛，把名单埋到坛下，对天盟誓。郐国国君听到这个消息后，以为大臣们将要发动叛乱，便把名单上的贤臣良将统统杀掉了。于是，郑桓公轻而易举地袭灭了郐国。这个故事，很容易让人想起"二战"初期希特勒用反间计借斯大林之手杀掉大批苏军将领一事。可见，"借刀杀人"之计无论在两千多年以前的中国，还是在几十年前的外国，都是不乏成功案例的。

【活学活用】

活学活用一：蔡侯借刀害息侯

春秋时期，息侯与蔡侯分别娶陈侯的两个女儿为妻。息侯的夫人妫氏长得十分艳丽，令姐夫蔡侯垂涎三尺。有一次，息夫人途经蔡国回娘家陈国，蔡侯大献殷勤，对小姨子动手动脚，吓得息夫人赶快离开了蔡国。

息夫人回到息国后，把蔡侯调戏自己的事情如实告诉给了息侯，息侯大怒，决心惩治蔡侯一番。

息国和蔡国虽然是连襟之国，但息侯臣服于南方的大国楚国，而蔡国与东方的大国齐国友好。息侯派了一个使者对楚王说："蔡侯自恃与齐国密切，不把大王看在眼里，还挑拨息国与大王的关系，大王何不惩罚蔡国一下？"楚王很生气，但担心齐国会出兵。使者献计道："我们息侯与蔡侯是连襟，大王假意向我国用兵，蔡侯一定会来援救，到那时我们联合起来，还怕蔡侯能飞上天去吗？"

楚王照着息国使者的计策用兵，果然将蔡侯活捉。蔡侯成为楚国的战俘，在楚营中，他发现息侯正在犒赏楚军，方才知道是中了息侯的诡计，被出卖了。

楚王本想把蔡侯带回楚国，杀掉蔡侯，但大臣鬻拳力陈利害关系，劝说楚王放蔡侯回国。楚王醒悟过来，设宴给蔡侯压惊。酒宴上，楚王为炫耀自己，故意指着一位美丽绝伦的女子对蔡侯说："这样漂亮的女子，天下能有几人！"蔡侯想起息侯陷害之仇，便说："太微不足道了。大王如果见到息侯的夫人息妫，就再也不会想别的女人了。"

楚王放掉蔡侯，想起蔡侯的话，一刻也不得安宁。他想了个计策，借打猎为名，到了息国。息侯见楚王来临，赶紧把楚王请进城中，设宴款待楚王。楚王道："我为你兴师动众，擒住蔡侯，今日远道而来，请尊夫人为我斟杯贺酒如何？"

息侯大惊失色，但又不敢违抗，只好唤夫人出来给楚王斟酒。楚王见息夫人果然是国色天香，怦然心动。第二天假意请息侯饮酒，在酒桌上把息侯擒住，然后率领亲随，进入宫中，寻找息妫。息妫慌忙逃入后园，企图投井而死。一名楚将奔上前，劝道："夫人一死不难，难道就不想保全息侯的生命吗？"息妫一听，泪下如雨，瘫倒在地。楚王得到息妫，饶了息侯一死。息侯引狼入室，自受其害。

活学活用二：晏婴二桃杀三士

春秋时，齐国有田开疆、古冶子、公孙捷三勇士，很得齐景公宠爱。这三人结义为异姓兄弟，自诩是"齐国三杰"。他们挟功恃劳，横行霸道，目中无人，甚至在齐景公面前也"你我"称呼起来。这时乱臣陈无宇、梁邱据等乘机把他们收买过去，阴谋推翻景公，夺取政权。

相国晏婴看不过去，眼见这种恶势力逐渐扩大，危害国政，便时刻担忧着。他明白奸党的主力在于武力，三勇士就是王牌，屡次想把三人除掉，但他们正得宠，又怕齐王不依从，会弄巧成拙，便迟迟不敢动手。

有一天，邻邦的鲁昭公带了司礼的臣子叔孙婼来访问，谒见齐景公。景公立设宴款待，也叫相国晏婴司礼，文武官员全体列席，以壮威仪。三位勇士也全副武装前来，奉陪左右，摆出一副盛气凌人不可一世的骄态。

酒过三巡，晏婴上前奏请，说："目下御园里的金桃熟了，难得有此盛会，可否摘些来宴客？"景公即派掌园官去摘取，晏婴却说："金桃是难得的仙果，必要我亲自去监摘，这才显得庄重。"一会，金桃摘回来了，装在盘子里，每个都有碗口般大，香气扑鼻。景公一见就问："只有这么几个吗？"晏婴答："树上还有三四个未成熟，只可摘回这六个！"

两位诸侯各拿一个吃了起来，互相赞赏着金桃味美。景公乘兴对叔孙婼说："这仙桃是难得之物，叔孙婼大夫贤名扬四海，有功于两国邦交，赏你一个吧！"叔孙婼跪下答："我哪里及得上贵国晏相国呢？ 仙桃应该赐给他才对！"景公便说："既然你们相让了，就各人吃一个吧！"

　　盘里只剩下两个金桃了，晏婴请示景公，传谕两旁文武官员，使他们自报功绩，功劳大的可以吃桃。 勇士公孙捷乃挺身而出，激昂地自夸起来，说："从前我跟主公在桐山打猎，亲手打死了一只吊眼白额虎，解了主公的围，这功劳大不大？"晏婴连忙说："这是擎天保驾之功，应该受赐！"公孙捷很快把金桃咽下肚里去，翻开傲眼向左右横扫一下。

　　古冶子也抢着站起来说："打虎有什么了不起？ 我当年在黄河的惊涛骇浪中，浮沉九里，斩妖龟之头，救回主上一命，你看这功劳怎样？"景公接口说："真是难能可贵，那次若不是将军舍身相救，怕一船人都要溺死了！"说着，便把剩下的金桃和酒赐给他。

　　可是，另一位勇士田开疆却气冲冲地发起牢骚来了。 他说："本人曾奉命去攻打徐国，俘虏了五百多人，逼徐国纳款投降，威震邻邦，为国家奠定了盟主地位。 这算不算功劳？ 能不能受赐呢？"说完，把眼光四下一扫，似乎要把各同僚压低一寸。

　　晏婴立刻回奏景公说："原来，田将军的功劳，确比公孙捷和古冶子两位将军大十倍。 但可惜金桃已赐完了，可否先赐一杯酒，待金桃再熟时补赐呢？"景公也安慰田开疆说："田将军！算来你的功劳最大，可惜你说得太迟。"

　　田开疆再也听不下去了，气愤地按剑大声嚷了起来："斩龟打虎，有什么了不起？ 我为国家跋涉千里，血战功成，反被冷落，而且在两国君臣之间受此侮辱，为人耻笑，还有什么脸面见人呢？"立即拔剑自刎而死。

　　公孙捷大吃一惊，亦拔剑而出，说："我们功小而得到赏赐，田将军功大，反而吃不着金桃，于情于理，绝对说不过去！"顺手一剑，就把自己结果了。古冶子跳了出来，激动得几乎发狂地说："我们三人是结拜兄弟，誓同生死，今两已亡，我又岂可独生？"话刚说完，人头已经落地，景公想制止也来不及了，晏婴巧妙地除去了三个恶人。

【心得精要】

本计的核心要点是：借他人的手来除掉某个对手，引诱别人去杀人；利用间接的方法去伤害别人，自己却不抛头露面；利用自己以外的人或事达到目的，借的刀不一定是人，也可能是一种物或一种势力。

"借刀杀人"往往被认为是阴险之计，但是在《三十六计》中，"借刀杀人"之计的本义却是为了试友，实际上有"投石问路、一箭三雕"等多层含义。此计主要强调要善于利用第三者的力量，包括制造和利用敌人的内部矛盾。在使用上也没有固定的程式，要因地、因时、因势而"借刀"。

第四计　以逸待劳

以逸待劳，是"无往不胜"之法。这一计谋强调：使敌人处于困难局面，并不是非用进攻之法不可。关键在于掌握主动权，待机而动，以不变应万变，以静对动，积极调动敌人，创造战机，不让敌人调动自己，而要努力牵着敌人的鼻子走。

【计名探源】

"以逸待劳"一语出自《孙子兵法·军争》："以近待远，以佚（逸）待劳，以饱待饥，此治力者也。"此外，《孙子兵法·虚实》还指出："凡先处战地而待敌者佚，后处战地而趋战者劳。故善战者，致人而不致于人。"不难看出，《孙子兵法》所说的"以佚（逸）待劳"，是指部队在战场上要从容不迫，休整充分，以旺盛的体力和精力迎击疲劳、被动、仓促投入战斗的敌人。具体办法就是"先处战地而待敌"，避免"后处战地而趋战"。但是，《孙子兵法》所说的"以佚（逸）待劳"与《三十六计》所说的"以逸待劳"，其实并不完全是一回事。

【原典】

困敌之势①，不以战②；损刚益柔③。

【精义】

欲围困敌兵，不一定要用作战的方式；可逐渐消耗敌人的有生力量，使之由强变弱，使"强敌"受损失而使"弱己"有所增益。

【读解】

本计的特点是，强调把握战场的主动权，以引诱敌人，"调动"敌人，使敌人疲劳，然后捉住战机，克敌制胜。按"损"卦的说法就是：以静制动，"损刚益柔"。

以逸待劳之计有四个含义：

一、养精蓄锐。凡要攻击敌人，自己首先要有足够的力量，在自己的力量尚不足以击败敌人时，避免过早地同敌人直接交战，而应主动退守，抓紧时机，扩充力量，使我方由弱变强。

二、削弱敌人。在敌人力量比较强大，气势比较凶猛之时，为了减少不必要的牺牲，而采取调动敌人四处奔命的方法，使其体力疲惫，士气低落，进而削弱其力量。

三、以守为攻。有时防守是为了准备更大的进攻，有时防守本身就是一种特殊的进攻方式，这时的"不战"便是战，战便是不战。所谓"此时无声胜有声"。在特殊情况下，积极主动自守的不战策略，对敌人力量的消耗、斗志的消磨，甚至比刀枪相拼的效果更好。

---

① 困敌之势：让敌方陷入困顿。
② 不以战：不依靠战争。
③ 损刚益柔：《易经》"损"卦，呈现出刚柔互换的态势。这里比喻通过消耗敌人的实力，让对方战斗力下降，这样等于我方的实力自然增长。

四、等待时机。 时机不成熟时要善于等待时机，可以采取退避三舍、虚于应付、慢火煎鱼、故意拖延等办法与敌人巧妙周旋，时机一到，转守为攻，一鼓作气消灭敌人。 时机不成熟不动如山岳，时机一到动如脱兔。

使用以逸待劳这种策略的时候，务必要沉着冷静，把自己和对方的环境、意图以及彼此间的实力估计清楚。 机警地注意事态的变化，时机未成熟时要稳如泰山，机会一到便迅速行动。 此计强调让敌方处于困难局面，不一定只用进攻的方法，关键在于掌握主动权，创造战机，伺机而动。 所以，不能把以逸待劳的"待"字理解为消极被动地等待。

【活学活用】

活学活用一：曹刿三鼓战齐师

鲁庄公十年（前 684 年），齐国派兵攻打鲁国。 曹刿随鲁庄公出征，两军对垒于长勺。

齐军一心想活捉鲁庄公，便主动出击积极进军，一时间齐军阵营战鼓齐鸣。 庄公也想击鼓进军，却被曹刿劝阻。 于是，庄公传令按兵不动，只是严守阵地。 齐军气势汹汹地杀过来，鲁军却无人迎战；齐军想要冲阵却又冲不进去，只好撤兵。 没过多久，齐军再次击鼓出击，庄公又想迎战，却再一次被曹刿拦了下来。 于是鲁军依然按兵不动。 齐军仍未冲破鲁军的阵营，无奈再次退回。 齐军将领大怒，下令擂响第三通鼓。 这一次，齐军虽然口中高喊着进军，心里却认为鲁军不会出来迎战，再加上此前已连续两次鼓足劲冲锋，早已疲惫不堪，无形中松懈了斗志。 当齐军第三通鼓刚刚响起时，曹刿连忙对庄公说："可以击鼓进军了！"一听到鼓响，那些憋足了劲儿的鲁国士兵如饿虎下山一样，迅速冲了出去。 齐军被冲得阵脚大乱，除了招架之势，丝毫没有还手之力。鲁军乘胜追击，一举把齐军杀得七零八落，落荒而逃。

齐军大败，鲁庄公笑逐颜开，下令犒赏三军。 但对曹刿的计谋仍百思不得其解，于是问曹刿："为什么要等到齐军擂完三通鼓后才迎战呢？"

曹刿答道："打仗，要靠勇气。 第一通擂鼓，能够振作士气，此时迎战绝非明智之举；第二通擂鼓后，士兵的勇气开始减弱；如果前两次冲锋都无人迎战却又勉强发起第三次冲锋的话，士兵早已身心俱疲，士气耗尽，再加上麻痹大意，战斗力必定会下降。 而我军这时士气正盛，擂鼓迎战，自然会大获全胜。"鲁庄公连连称是，对曹刿佩服不已。

"我坚守不出，彼求战不得"，"我斗志高昂，彼懈怠疏懒"，充分掌握战场主动权后再全力迎战，正是鲁军取胜的关键所在。 曹刿深谙此中妙处，三鼓过后，轻松克敌。

在这个战例中，曹刿采取了以逸待劳的拖延战术，己方休养生息之时使敌人身心疲惫、斗志全无，然后伺机而动、全力出击，顷刻间便大败齐军。

活学活用二：李文忠劳敌制胜

洪武二年（1369 年）春，征虏副将军常遇春偶罹暴疾而亡，明太祖悲痛万分，追封他为开平王。 明太祖诏命李文忠袭常遇春之职，发兵攻打庆阳。

李文忠兵至太原，闻报：元将脱列伯围攻大同，大同危在旦夕。李文忠对诸将说道："将在外，君命有所不受。 只要有利于战局，专擅也无妨。 今天同被围，宜速去救援，若禀命而后行，岂不坐失良机？"遂引军出雁门，行至马邑，与元平章刘帖木率领的数千游骑相遇。 李文忠指挥部下与敌交战，结果大败元军，擒元将刘帖木。

李文忠率明军进至白杨门，择地安营扎寨。 是夜，天降雨雪，满山皆白。 李文忠不敢有丝毫大意，引亲兵在营外巡视，见雪地上似有行人踪迹，立即策马而还，督军前移五里后才阻水立寨。诸将问其故，李文忠说："以前安营之处是元军伏兵的地方，很危险。 今移兵此地，稍觉安全，但须严加防范，警惕元军劫营。"

果然不出所料，脱列伯派兵乘夜劫营，被李文忠部队的炮矢射退。 次日天色微明，李文忠发两营军士前去挑战。 此时折腾一夜的元军正准备埋锅造饭，见明军杀来，也顾不得吃饭，强打精神上马迎战。 杀了几个时辰未分胜负，有人屡劝李文忠发兵增援，李文忠泰然自若，并不发兵。 待元军战到疲惫不堪之时，李文忠陡然上马，率两路大军左右夹击，如泰山压顶般包抄过来。 可怜饥肠辘辘的元军欲战无力，欲逃无路，个个六神无主，惊慌失措。脱列伯见腹背受敌，欲打马逃遁，李文忠赶上一枪刺中其马首，战马负痛跳蹶前蹄，将脱列伯掀于马下，遂被生擒活捉。 余众见主帅被俘，纷纷下马乞降，李文忠大获全胜。

《十一家注·李荃》中说："敌逸，我能劳之者，善功也。"李文忠先派小股部队与敌人纠缠，把敌人拖得疲惫不堪，而大部队却以逸待劳，趁机发起猛攻，一举歼灭敌人。

【心得精要】

在作战中，"以逸待劳"表现在自己养精蓄锐，待敌疲劳混乱时，乘机出击取胜。 时机不成熟时要善于等待时机，可以采取退避三舍、虚于应付、慢火煎鱼、故意拖延等办法与敌人巧妙周旋，时机一到，转守为攻，一鼓作气消灭敌人。 时机不成熟时不动如山，时机一到动如脱兔。

第五计　趁火打劫

【本计旨要】

本计的要点是"就势"，即抓住对敌方不利、对自己有利的形势，争夺利益。敌方遭到灾害时疲于招架，必然会疏于防备，这就是我方行动的大好时机。这时，我方应或者趁机夺取利益，或者假意救援，借机在敌方内部安插自己的力量，以利于之后的行动。如果敌方虽遭遇灾害，而实力并未被削弱，那就是隔岸观火的时机，等敌方实力被削弱下去，再全盘夺取利益。但是，绝不能消极地等待对方遭遇灾难，而要主动地把灾难加到对方头上。

【计名探源】

"趁火打劫"原作"趁哄打劫"，见于明代著名小说家吴承恩的《西游记》。该书第十六回《观音院僧谋宝贝，黑风山怪窃袈裟》描写唐僧师徒西天取经，路上留宿一座寺院。那寺院的长老见到唐僧的袈裟，起了贪心，便与徒弟们密谋放火烧死唐僧师徒，以得到袈裟。不想，正在大火燃烧之际，寺院附近的黑风山怪却"趁哄打劫"，将袈裟抢去。清代乾嘉年间，又出现了一部幽默小说，名叫《何典》，其中出现"趁火打劫"一词。

不过，无论"趁哄打劫"也好，还是"趁火打劫"也好，就其本质来说都是趁乱打劫。从这一角度说，此计的基本思想早在两千多年之前就已经出现了。《孙子兵法·始计》曾列举有十二种具体的谋略方法，后人称为"诡道十二法"，其中就有"乱而取之"的说法。其实，这"乱而取之"也就是"趁火打劫"的意思。

【原典】

敌之害大①，就势取利，刚决柔也。

【精义】

敌方遭受到大灾难，趁势夺取其利益，即乘敌之危，就势而取胜。

【读解】

趁火打劫的原意是：趁别人家里失火，一片混乱，无暇自顾的时候，去抢别人的财物。乘人之危捞一把，这在道德层面上是一种令人鄙夷的行为，而用于作战方面则有所不同。此计用在军事上指的是：当敌方遇到麻烦或危难的时候，就要乘此机会进兵出击，制伏对手。《孙子兵法·始计篇》云："乱而取之。"唐朝杜牧解释孙子此句说，"敌有昏乱，可以乘而取之"就是讲的这个道理。

"趁火打劫"之中的"火"，即对方的困难、麻烦。敌方的困难不外有两个方面，即内忧、外患。天灾人祸，经济凋敝，民不聊生，怨声载道，农民起义，内战连连，都是内忧；外敌入侵，战事不断，都是外患。敌方有内忧，就占他的领土；敌方有外患，就争夺他的百姓；敌方内忧外患岌岌可危，赶快兼并他。总

①　敌之害大：害，指敌人所遭遇到的困难、危厄的处境。

之，抓住敌方大难临头的危急之机，赶快进兵，肯定稳操胜券。《战国策·燕策二》中的著名寓言"鹬蚌相争，渔翁得利"，也就是"趁火打劫"的形象体现。

【活学活用】

活学活用一：越王勾践趁机灭吴

前494年，吴王夫差兴倾国之兵，取水道伐越。吴、越两军在夫椒（今太湖椒山）会战，吴国一举打败越国军队。勾践带领五千余残兵败将逃于会稽山上，被夫差以重兵围困。在万般无奈之际，勾践只好接受文仲"卑辞厚礼"向吴求和的建议，演出了一场韬略的戏剧。

为了取信于吴王，勾践先派文仲携带美女宝器，贿赂了夫差的宠臣伯，让伯在夫差面前进言，允许越国求和；随后带上妻子和范蠡等人，作为人质，来到吴国首都会稽，在夫差先父阖闾大墓旁的石屋里，为夫差当马夫。勾践精心侍奉夫差，夫差每次外出，都由勾践牵马；夫差病了，勾践不但送茶送饭、端屎端尿，而且尝夫差的粪便，以确诊其病情的阴阳寒热。勾践的行动，终于赢得了夫差的信任，于前491年将他释放回越国。

勾践当着夫差的面，忠心耿耿，忍屈受辱，但骨子里却雄心未泯，时刻不忘复仇大业。他返回国后没有回到王宫，而是到农民中间询问疾苦，与有才之士共商大计。为了鞭策自己，他卧薪尝胆，过着普通百姓的生活，励精图治，为富国强民煞费心机。同时他年年向吴国进贡，还命大臣挑选西施等绝色佳人送给夫差，以麻痹吴国对越国的戒备。就这样，勾践双管齐下，使吴国放松警惕，也使本国日渐兴盛。

后来，吴国名将伍子胥被杀害，国内又遭严重旱灾，连螃蟹、水稻都干死了。国内一片混乱的景象，百姓怨声四起。恰在这时，吴王夫差又北上，和中原各国诸侯在黄池盟会，国内空虚。越王勾践趁火打劫，亲自率兵数万，彻底打败了吴国。吴王夫差被困在阳山，最后掩面自杀。

越王勾践从失败中吸取教训，忍辱负重二十年，又能在夫差得意忘形之际，适时抓住机会趁火打劫，一举消灭了吴国。此举堪称多计并用，也是趁火打劫之计的妙用，毕竟这场"火"让勾践等了二十年。勾践的胜利，正是乘敌之危、就势取胜的典型战例。

活学活用二：司马昭取寿春

司马昭被废帝曹髦封为大都督之后，天权在握。甘露二年（257年），司马昭派遣亲信贾充以慰劳为名，试探各地将军对他的反应。贾充领命，前往淮南（郡治在寿春）。淮南征东大将军诸葛诞设宴招待贾充，酒至半酣，贾充道："洛阳各方人士，都愿意皇帝禅让，你的意见如何？"诸葛诞早已看不惯司马昭的专权，见贾充为司马昭篡夺帝位而来试探自己，便厉声骂了他。贾充回到京师，便对司马昭说："诸葛诞在淮南，颇得人心，时间一长，必定成为您的隐患，不如现在征召回京，夺其军权。诸葛诞接到命令，如果不肯回来而谋反，您可趁早除掉他。"司马昭觉得贾充说得很有道理，便来了个明升暗降的办法，擢升诸葛诞为司空，命他速回京师就职。

诸葛诞本已对司马昭控制朝廷怀有戒心，此时接到诏书，更是惴惴不安。他一面召集两淮武装十余万人，和扬州新收编的兵马四五万人，一面囤积粮草，准备在寿春（今安徽寿县）固守。诸葛诞又派长史吴纲把自己的幼子诸葛靓送到东吴国作为人质，自愿做吴属臣，并请求东吴派兵援助。东吴大喜，封诸葛诞为寿春侯，派将军全怿、全端、唐咨、王祚率军三万，由魏国降吴的将领文钦为向导，援救寿春。

司马昭得悉后，亲自统帅各路大军二十六万浩浩荡荡开往寿春征讨诸葛诞。 大军刚开往寿春，由于围城不严，使得文钦、全怿等率领的东吴军从城东北角突入城内，司马昭便命镇南将军王基督军严密合围。 一开始，王基等人屡次请求攻城，司马昭认为，寿春城池坚固，守军众多，如果实施强攻，伤亡一定很大，万一东吴再派援军前来，正好腹背受敌，这是危险的策略。 唯有紧围城池，打退援军，叛贼才能擒获。 果然，东吴又派朱异率领三万人马进屯安丰（今河南固始东南），作为寿春城的外援。 于是司马昭一面命令王基等从四面加强对寿春的包围，一面又命奋武将军石苞统帅的衮州、徐州两路军马击溃了朱异援军。 不久，东吴大将军孙綝亲率大军要解救寿春，失利引兵退回建业（今江苏南京市）。 司马昭见外援已去，派人四下传播谣言："魏国围城大军粮草不继，可能就要解围了。"

诸葛诞等信以为真，对粮食就不加以限制。 不久，城中开始缺粮，而援军迟迟不到。 诸葛诞的心腹蒋班、焦彝两位将军向诸葛诞建议："城中缺粮不能久守。 不如乘现在军心稳定，与魏军决一死战。 不能全胜，也比坐守待毙的强。"文钦则反对孤注一掷，蒋、焦二人坚持自己的意见，双方争执不休。 诸葛诞大怒欲杀蒋班、焦彝，二人恐慌翻墙出城，投降魏军。 这时城内吴将全怿的侄儿全辉、全仪，从老家建业带着他们的母亲投奔司马昭的大军。

司马昭采用了黄门侍郎钟会的计谋，以全辉、全仪名义写了一信送入城内全怿等人手中，说东吴因为没有取得寿春而大为恼怒，要杀尽他们在建业的家人，所以才逃跑出来。 全怿、全端率领千余人马开城投降。 寿春城内人心开始摇动。 诸葛诞开城突围，一连五六天，死伤累累，血流盈堑，文钦、诸葛诞只得退回城中。寿春城中粮食快要吃完，文钦建议，为了节省粮食，把原住居民送走。 只留下诸葛诞军和东吴援兵坚守待援。 诸葛诞不听，于是两人之间互相怨恨，互相猜疑。 一天文钦去诸葛诞那儿磋商公事，诸葛诞二话没说，就杀死了文钦。 其子文鸯、文虎闻父被杀，出城投降魏军。

魏军吏要求把他们处决，司马昭说：“城未攻破，若杀降将，会让城里守军顽抗到底。”遂赦免文鸯、文虎，并赐关内侯。 二人绕城大喊：“我二人尚且被魏大将军赦罪赐爵，汝等为何还不及早投降！”城内军心大动，加之饥饿，都有投降之意。

司马昭亲自到城边观察敌情。 城上守军手里拿了箭却不发射。 司马昭对众将说：“可以攻城了。”于是魏军鼓噪攻城。 寿春城终于被攻破。 诸葛诞被杀。 吴将唐咨、王柞也都投降了魏军，魏军取得了最后胜利。 由于司马昭指挥有方，没有实施强攻。 因而以较小的代价换取了决定性的胜利。

【心得精要】

趁火打劫的行为，在道德家看来是缺乏同情心和人道主义精神的行为，但是我们需要明白，趁火打劫是一个实用性极强的计谋。上至朝堂，下至市井，此种事极其普遍，古今中外皆然。 在现实生活中，我们在处理各种矛盾，摆平各种关系时，很多时候也会用到“趁火打劫”这一的谋略。 在别人最需要的时候讲讲条件，自然比平时更管用。

第六计　声东击西

【本计旨要】

声东击西是制造假象迷惑敌人的计谋和策略。通常采取灵活机动的行动，忽东忽西，不攻而示为欲攻，欲攻而示为不攻；形似必然而不然，形似不然而必然；似可为而不为，似不可为而为之。对方顺情推理，我方借势用计，以达到出其不意夺取胜利的目的。

【计名探源】

此计名出自唐代杜佑编纂的《通典》："声言击东，其实击西。"声东击西指表面上或口头上宣称要打东边，实际上却攻打西边，这是一种制造假象使敌人上当进而消灭敌人的制胜计谋。

历代兵法对此计均十分重视。《百战奇谋》说："声东而击西，声彼而击此，使敌人不知其所备，则我所攻者，乃敌人所不守也。"《历代名将事略》指出："欲东而形似西，欲西而形似东，欲进而形似退，欲退而形似进。"

【原典】

敌志乱萃①，不虞②。坤下兑上之象，利其不自主而取之。

---

① 敌志乱萃：援引《易经·萃》卦中《象》辞："乃乱乃萃，其志乱也。"萃，悴，即憔悴。是说敌人情志混乱而且憔悴。
② 不虞：未意料，未预料。

【精义】

敌人意志混乱，不严整。水在上、地在下的卦相，利用敌人的不能自我控制而攻取他们。

【读解】

声东击西讲的是出奇制胜，其目的在于转移敌人的视线，使其疏于防范，然后再乘其不意，攻其不备。 战前，为了消除来自敌方的阻力、减少自身的损失，一定要设法分散对方的力量或者松懈其意志，这样才可乘虚而入，达到目的。 此计的用法很多，但有一个重要前提，即对于本身的企图和行动要绝对保密，这样才能时刻争取主动，否则就会处处被动，处处受牵制。 此计有以下几种情形：

一、忽东忽西。 我方没有固定的进攻方向，一会在此，一会在彼，忽而出东，忽而出西。 敌方摸不清我方的真正意图，只好处处被动设防，穷于应付，时间一长必然只有招架之功，而无还手之力。

二、即打即离。 时而前来挑战，时而远远离开；敌方以为我方要打，我方却没有打；敌方以为我方不打，我方却突然发动袭击。

三、发动佯攻。 向甲地发动佯攻，借此吸引敌方的注意力，待敌方把兵力调到甲地，我方突然在乙地发起猛攻。

四、避强击弱。 在我方忽东忽西的进攻下，敌方把主力布置在错误的地点。 这样，我方就避开了敌之锋芒，打击其薄弱环节，一点点吃掉敌人。

对声东击西之计，应采取如下防范对策：

一、常山之蛇，首尾呼应。 在常山地方有一种蛇，打它的头则尾至；打它的尾，则头至；打它的中间，则首尾俱至。 为了防止敌人对我施以声东击西之计，必须建立首尾呼应之阵。 一处受到攻击，另一处马上可以赶到救援，这样即使一时不能识破敌人的意图，也有应急的办法。

二、善于分析。 假的就是假的，总有蛛丝马迹要露出来，只要我们善于分析，总是可以发现破绽的。 例如，佯攻一般都是"雷声大雨点稀"，旗也比正常的多，鼓也比正常的响，但行动却是比正常的慢，同时表现出鬼鬼祟祟、十分神秘的样子来。

三、要进行替换思维。 就是站在敌人的角度来进行思考，经常向自己提出："如果我处在他的地位，我应该怎么办？"如果敌人的所作所为与自己所设想的不一样，甚至完全相背，那么就应该考虑其中是否有诈。 如果觉得可疑，一定要早做防范。

【活学活用】

活学活用一：刘邦三制韩信

韩信为人有智谋，又善于带兵，为刘邦夺取天下立下了赫赫战功。 他明修栈道、暗度陈仓，平定三秦之地；井陉口背水列阵，擒赵王歇；声东击西袭安邑，擒魏王豹；不战而屈人之兵降燕地；灭齐国，擒杀齐王田广；垓下十面埋伏，大败项羽。

刘邦定天下以后，对身边这些劳苦功高的将领起了疑心，一旦他们起兵造反，自己辛苦得来的江山即将不保。 于是刘邦便找借口将这些功臣陆续杀害。 刘邦曾三次将韩信的兵权夺回，使之失去权力而在刘邦的严格控制之下。 三擒韩信，乃至最后杀掉韩信，刘邦和吕后都是用的声东击西之计，以必攻示不攻、阴而取之的手法。 一而再，再而三，刘邦屡屡使用，韩信屡屡中计。

第一次，驰营夺兵权。

刘邦拜韩信为大将，与项羽争天下。 项羽英勇善战，刘邦屡战屡败。 这时派韩信去攻魏，又派韩信和张耳北举燕、赵，东击齐，南绝楚粮道。 韩信先破代国，转攻赵国，又背水一战，大破赵军。 韩信镇抚赵地，以所长逼燕、齐，使他们望风而服。 韩信请示刘邦，立张耳为赵王，镇抚赵国。 刘邦同意，并以韩信为赵丞相，共镇赵地。 刘邦自己此时损失惨重，急需补充兵力，韩信这方刚好兵强马壮。 而韩信虽归刘邦节制，但现在也是独占一方的强者，强行征发他的军队，很可能促使他反叛。 所以刘邦趁韩信、张耳不备，直接到他们住处，夺得他们的军符印信，调遣起军队来。 等韩信、张耳起床，军权已失，不得不前来请安。 刘邦借机将他们打发回赵国，让张耳留守赵国，韩信带领赵的余兵去攻打齐国。

刘邦身在成皋，离韩信军营尚远，此为声东；清晨至营，诈称汉使，守门军士不会因此等事情叫醒主帅，此亦声东；入门即夺兵符印信，迅速调兵遣将，掌握主动权，乃是击西。 声东示之不攻，击西乃是必攻，此即是刘邦高于韩信之处。

第二次，奔袭再夺军。

韩信受命率赵余军去攻打齐国，项羽派大将龙且来援齐，被韩信乘其半渡而破之，杀龙且，收楚卒，兵势大盛，乘势平定齐国。

韩信自以为功高，乃向刘邦请示，立他为假齐王。 当时刘邦正被楚军困于荥阳，见到韩信的书信，不由大怒。 张良和陈平劝刘邦以大局为重，假意安抚韩信。 刘邦于是派张良带印信立韩信为齐王，并征发其兵击楚。

此时韩信拥有重兵，独占山东之地，连项羽也派武涉前来游说。 然韩信以刘邦待他优厚，不肯背叛。 韩信虽不忍背叛刘邦，但对刘邦还是有所防备，不肯轻易率军出齐地。 前202年，刘邦追击项羽至固陵（今河南固始县），韩信的齐军、彭越的魏军，观望不前，项羽反击，大破汉军，刘邦只有坚壁自守。 二人不来，难以胜楚，刘邦很是忧虑。 这时，张良献计，以破楚所得之地和王号诱二人前来会师，大败楚军，将项羽困在垓下。 项羽兵败，自刎乌江，楚地悉定。 战胜项羽，全军都沉浸在欢乐之中，韩信也被加封。 孰料，刘邦借回师之际，驰入韩信军中，将其军权夺下。 失去指挥权的韩信，只好随刘邦前去，刘邦以其有功，也不便处置，便将他改封楚王。

第三次，吕后斩韩信。

前196年，代相陈豨反叛，刘邦亲自率军往征，韩信正在病中，不能随征，留在长安。 据史载，韩信准备与陈豨里应外合，"谋与家臣夜诈诏赦诸官徒奴，欲发以袭吕后、太子；部署已定，待豨报。 其舍人得罪于信，信囚，欲杀之。 舍人弟上变，告信欲反状于吕后"。 此事真假，颇值得怀疑，但韩信怨望，应是存在的。 吕后知韩信欲反，急与丞相萧何谋议。

萧何闻变，即令人诈从刘邦处来，传言陈豨已被刘邦擒获而斩杀。 这样大的捷报，朝廷文武及诸侯应该到皇宫祝贺。 此时韩信正在病中，原本可以请病不来。 这时，萧何便对韩信说："虽疾，强入贺。"萧何是韩信的恩人，他的话韩信当然不怀疑。 于是，韩信也来宫中祝贺，被吕后派武士抓获，秘而不宣地斩在宫中。 利刃加颈，韩信想起当初在齐国为王之时，不听蒯通所言，三分天下、鼎足而居、时至不行、反受其殃等劝说，长叹道："吾悔不用蒯通之计，乃为儿女子所诈，岂非天哉！"

此次吕后杀韩信，用的也是声东击西之计。 萧何诈称陈豨被擒杀，是按韩信与陈豨内外勾结而设的谋略。 陈豨被杀，先断韩信的外援，又取得祝贺之名，是为声东；再借自己与韩信的知遇关系，请其必来，是为声东之助。既断其援又释其疑，韩信入宫，立即擒杀，击西目的完成。秘而不宣，趁势夷韩信三族，除其党羽，使无后患。环环相扣，可谓老谋深算，获胜而无咎也是必然的。

活学活用二：白马之围

建安五年（200年）二月，袁绍调动数十万人马进军许都征伐曹操，并派大将颜良为先锋率军渡过黄河，突袭驻扎在白马的东郡太守刘延。当时的青州、冀州、幽州、并州四州都是袁绍的辖地，其势力盛极一时。

得知袁绍要来攻打许都的消息后，曹操手下的将领纷纷打起了退堂鼓。而曹操却说："我很了解袁绍的为人，他志向远大但才智低下，而且胆量很小。他对部下十分刻薄，没有一点儿大将风范，根本不懂得用兵之道，不过是一个有勇无谋的纸老虎罢了。他这次来是给我们奉送土地和粮食的。"

不一会儿，有军情来报说颜良的军队已将白马团团围住，形势非常严峻。对曹操来说，如果白马失守，形势将十分不利。因此，曹操决定亲率大军前去白马救援刘延。

这时，曹操手下的谋士荀攸进谏说："敌众我寡，硬拼如同以卵击石。现在只有分散他的兵力方能取胜。"曹操道："先生所言不虚！可是，该怎样分散袁绍的兵力呢？"荀攸说："不如先派一支人马西去延津，佯装要渡河偷袭袁绍后方，以此把袁绍的主力吸引过去；然后再派轻骑兵前去救援白马，以迅雷不及掩耳之势袭击颜良的军队。"

曹操闻听连声叫好，立即依照荀攸之计挥师西进延津。袁绍见曹操的大队人马直奔延津，慌忙亲率主力进行堵截。 眼看袁绍已经中计，曹操趁机引兵向白马疾进。 颜良没想到曹操突袭，一时惊慌失措，仓皇迎战。

当时，曹操刚刚大败刘备，为了保护刘备的两位夫人，关羽被迫留在曹操军中。 于是，曹操派关羽、张辽做前锋率军突击。 两军短兵相接，关羽策马如飞，径直杀向颜良。 颜良躲闪不及，被关羽手起刀落，死于乱军之中。 袁军见将领被斩，顿时乱作一团，曹操指挥大军乘势冲杀，袁军大败，白马之围随即解除。

曹操声延津而击白马，先是率军赴延津渡口，佯装北渡，诱使袁绍分兵西向；随后曹操趁机抄袭白马，打了袁绍一个措手不及。此战曹操不仅解了白马之围，还斩杀了袁绍的一员大将，可谓大获全胜。

【心得精要】

"声东击西"之计，是一种制造假象、佯动诱敌的战法。 它通过佯攻，伪装进攻方向，造成敌人错觉，吸引并分散敌人兵力，以便在真正的进攻方向上，出奇制胜。

"声东击西"之计的发动之处仍在于"出其不意""攻其不备"。 此理与"明修栈道，暗度陈仓"相同。 此计的一个关键环节，就是对敌方情报的准确掌握，施计之前必须知己知彼，不可主观臆断，尤其"声东"，一是要有的放矢，二是要选择适当的方式。 虽然此计属于第一套"胜战计"，是克敌制胜的计谋，但不妨也可以在我方不利的情况下使用。 比如我方突围中，也可以"声东"调集敌军于错误的方向，然后再"击西"于敌人的不设围之处，实现突围。

第二套　敌战计

第七计　无中生有

【本计旨要】

此计的关键就在于真假要有变化，虚实必须结合。如果单纯地以"假""虚"来引诱对手，则容易被敌人发觉，难以制敌。先假后真，先虚后实，无中必须生有。指挥者必须抓住敌人已被迷惑的有利时机，迅速地以"真"、以"实"、以"有"，也就是以出奇的速度攻击敌方，在敌人头脑还未清醒时，即被击溃。

【计名探源】

此计名出自《老子》第四十章的"天下万物生于有，有生于无"。老子揭示了万物的有与无相互依存、相互转化的规律。我国古代军事家尉缭子把老子的这一辩证思想运用到军事上，进一步分析了虚无与实有的关系。《尉缭子·战权》中说："战权在乎道之所极，有者无之，安所信之？"主张以"无"为假象迷惑敌人，乘敌人对"无"习以为常之际，化无为有，以虚为实，出其不意地打击敌人。

此计的本义是凭空捏造，栽赃陷害。广义上是指采取虚实、真假相结合的手法，用虚无的假象欺骗敌人，使敌人判断失误并做出错误决定的一种计谋。

【原典】

诳也，非诳也，实其所诳也①。少阴、太阴、太阳②。

【精义】

欺骗，不能仅仅以假象告终，而是为了在敌人被假象蒙蔽之后采取真实的手段。小假象，发展到大假象，用这些大大小小的假象去掩护真实的后续手段。

【读解】

"无"与"有"是矛盾的两个方面，老子在研究天下万物变化时，曾言："天下万物无生于有，有生于无。""无中生有"作为古代哲学，含有阴阳变化之理。然而作为谋略也可生发出许多令人惊叹的事件。

三十六计以计谋论析"无中生有"，是专讲"由诳而真""由虚而实"，虚虚实实的权谋。在政治、军事以及经济的竞争中常用此术。

此计可分解为三部：第一步，示敌以假，让敌人误以为真；第二步，让对方识破我方之假，掉以轻心；第三步，我方变假为真，让敌方误以为假。这样，敌方思想已乱，我方就掌握了主动权。

无中生有之计犹如一支暗箭，因其使人难于防范而极易中计，

---

① 诳也，非诳也，实其所诳也：诳，欺诈、诳骗。实，实在，真实，此处作意动词。句意为：运用假象欺骗对方，但并非一假到底，而是让对方把受骗的假象当成真相。

② 少阴、太阴、太阳：此"阴"指假象，"阳"指真相。句意为：用大大小小的假象去掩护真相。

使计者轻而易举便可达到自己的目的。

【活学活用】

活学活用一：徐庶进曹营

《三国演义》第三十六回"玄德用计袭樊城，元直走马荐诸葛"。刘备自得徐庶相助后，接连数次打败曹军大将曹仁，并且夺得樊城。曹仁与副将李典逃回许昌后，去见曹操，哭败请罪。曹操说："胜败乃兵家之常事，但不知是何人在为刘备出谋划策？"曹仁说是单福。谋士程昱笑道："此人不是单福，而是颍州徐庶。单福是其假托之名。"曹操说："徐庶的才能比您如何？"程昱说："要高出十倍。"曹操说："太可惜了，贤能之士归了刘备，刘备的羽翼就会日益丰满！这将如何是好？"程昱说："徐庶虽然在刘备那里，但丞相您要用他，招来并不困难。"原来，徐庶为人至孝，幼年丧父，家中只有老母，而其弟徐康已亡，老母无人奉养。程昱于是献计让曹操把徐庶的老母搬至许昌，然后命其写书信招徐庶来归。

曹操大喜，派人连夜将徐庶母亲搬至许昌。不想，那徐老夫人是一位忠奸分明、深晓大义之人，誓死不肯写信让儿子弃明投暗，反而大骂曹操托名汉相，实为汉贼。曹操大怒，喝令武士杀死徐母。程昱连忙劝阻说："丞相如果杀了徐母，一则损害了自己的名誉，二则成全了徐母的德行。而徐母一死，徐庶为报仇必然死心塌地帮助刘备。不如先留下她，以便使徐庶心悬两处，不能一心一意地辅助刘备。然后，我再设法劝他回来。"曹操觉得这话有理，遂不杀徐母。

从此以后，程昱几乎每天都去问候徐母，对待徐母就像自己的生身母亲。他欺骗徐母说，自己曾经与徐庶结为异姓兄弟。程昱还经常馈赠物品给徐母。 他每次派人送物品给徐母时，总是写有书信附上。 徐母因此也常亲自写信让来人带回。 程昱获得徐母的笔迹之后，便模仿其字体，以徐母的名义，诈修家书一封，派一名心腹之人，拿着书信，去新野见徐庶。 果然，徐庶见信之后，泪如泉涌，当即去见刘备，希望能让他回去见母。 刘备当然割舍不得，但也不便勉强相留。 过了数日，二人只好洒泪相别。 这样，程昱用一条"无中生有"之计，将徐庶骗到了曹操那里。

然而，曹操虽然得到了徐庶，徐庶却从不为他出谋划策。 原因一是徐庶笃于对刘备的情义，回到曹营不是出于本心；二是其回到曹营之后，真相大白，老母愤而自缢。 徐庶自知被骗，故而深恨曹操，发誓不为曹操献计。 这就是著名的"徐庶进曹营，一言不发"的故事。

活学活用二：令狐楚开仓赈粮

唐敬宗时，兖州（今山东兖州一带）大旱，赤地千里，颗粒无收，饿殍遍野。 当时米价奇贵，有米户囤积居奇，望价待沽。 原兖州节度使贩灾不力，朝廷将他革职外调，委任以擅政闻名的令狐楚为兖州节度使。

上任前夕，令狐楚先派得力助手乔装去兖州私访，掌握灾情的第一手资料。 助手在兖州深入乡间、市镇调查得知：兖州素为鱼米之乡，以往连年丰收，民间贮粮甚多，但大多集中在一些财力雄厚的大户人家手中，广大老百姓手中并没有多少余粮。 每年，百姓多是在青黄不接时借贷粮食，等秋季收获后再偿还。 今年遇到歉收，很多百姓的家里都断了粮食，有的甚至变卖家产换取粮食以求活命。 因粮食紧俏，米价不断上涨，遂刮起了抢购大米之风。很多米商见米价只涨不降有利可图，便关闭店门拒绝卖米，这更加剧了粮食的紧缺和米价的暴涨。 加之，前任节度使只知道贴告示压米价，并没有采取有效的引导措施，致使米商和大户人家纷纷囤米不卖，而百姓却无米下锅。 所以，兖州社会局势动荡不安，潜伏着造反的危机。 当时，虽然兖州官仓中还有不少存粮，但为了保证驻军的供应，所以并没有开仓放粮赈济百姓。

得知这些情况，令狐楚冥思苦想：怎样才能让那些囤积居奇的大户人家开仓卖米、赈救灾民呢？ 突然他意识到：大户人家存米，无非是想等粮价涨高时再抛售出去赚大钱，若他们得知米价已经涨到极限，马上就要下跌时，肯定会纷纷抛售的。 于是，令狐楚决定先制造一个"米价马上下跌"的假情报。

拿定主意后，令狐楚带领手下人走马上任。 消息传到兖州，州内的大小官员纷纷迎出郊外。 令狐楚抵达城外，同前来迎接的官员寒暄几句后，马上询问他们兖州的米价多少，州中共有多少官仓，官仓存米多少。 听完汇报，令狐楚假装掐指算起来：现有存米多少，可调出多少投放市场；多少米投放市场后，可将米价压下多少。 最后，他故意很大声地说："看来赈灾救民不成问题了！"前来迎接的官吏及其随从都听到了令狐楚的这句话。

官吏、随从们回到家，连忙告诉自己的亲朋好友：新来的节度使要开官仓平米价了，米价马上就要下跌了，赶快抛售存米！ 一时间，"米价马上下跌"的消息不胫而走，存米大户纷纷抛米换钱。 最后，没用令狐楚开一个官仓，米价就被压了下来。

【心得精要】

无中生有的计策实施比较复杂。 在人际关系上，无中生有常常意味着莫须有，是一种不大光明的行为。 但是在战场和商场上，无中生有常常是制胜的良方。 无中生有的运用一定要注意：

首先，"有"并不能真的从"无"中得出来，任何以无中生有取胜的意图，或依靠大量的欺骗宣传，或靠对于局势的深刻观察。 容易让人相信的，就引导他；不容易让人相信的，就欺骗他。 其次，在宣传技巧上，要采用故意突出、强调的手段，使别人信以为真。 谎言说千遍就成了事实，这说明了炒作的重要。 在引导技巧上，则要尽可能低调，不露痕迹，使人不怀疑其中有诈。 敌方指挥官性格多疑，过于谨慎的，此计特别奏效。 要抓住敌方思想已乱迷惑不解之机，迅速变虚为实，变假为真，变无为有，出其不意地攻击敌方。

第八计　暗度陈仓

【本计旨要】

暗度陈仓是以正面佯攻、佯动的迷惑手段，来伪装攻击路线和突破点的谋略。

本计的特点是，将真实的意图隐藏在不令人生疑的行动的背后，将奇特的、非一般的、非正规的、非习惯的行动隐藏在普通的、一般的、正规的、习惯的行动背后，迂回进攻，出奇制胜。"明修栈道"表示公开的行动，"暗度陈仓"表示隐藏的真实意图。

此计与声东击西计有相似之处，都有迷惑人、隐蔽进攻的作用。二者的不同之处是：声东击西隐蔽的是攻击点，暗度陈仓隐蔽的是攻击路线。

作战时，运用暗度陈仓的谋略，可以攻敌不备，获取胜利。在平时，运用暗度陈仓的策略时，可以掩饰自己真正的意图让别人不防备，从而顺利地实现自己的计划。

【计名探源】

此计全称为"明修栈道，暗度陈仓"，原是楚汉相争时韩信运用过的一个计谋。

秦朝末年，政治腐败，群雄并起，纷纷反秦。刘邦的部队首先进入关中，攻进咸阳。势力强大的项羽进入关中后，逼迫刘邦退出关中。 鸿门宴上，刘邦险些丧命。 刘邦此次脱险后，只得率部退驻汉中。 为了麻痹项羽，刘邦退走时，将汉中通往关中的栈道全部烧毁，表示不再返回关中。 其实刘邦一天也没有忘记一定要击败项羽，争夺天下。 前206年，已逐步强大起来的刘邦，派大将军韩信出兵东征。 出征之前，韩信派了许多士兵去修复已被烧毁的栈道，摆出要从原路杀回的架势。 关中守军闻讯，密切注视修复栈道的进展情况，并派主力部队在这条路线各个关口要塞加紧防范，阻拦汉军进攻。

韩信"明修栈道"的行动，果然奏效，由于他吸引了敌军的注意力，敌军的主力调至栈道一线，于是韩信立即派大军绕道到陈仓（今陕西宝鸡县东）发动突然袭击，一举打败章邯，平定三秦，为刘邦统一中原迈出了决定性的一步。

【原典】

示之以动①，利其静而有主，"益动而巽"②。

【精义】

向敌人展示常规的行动，使对方轻视我方，镇定而不采取措施，自以为心中有把握。 这就是异卦相叠的益卦，上卦为巽，巽为风；下卦为震，震为雷。 意即风雷激荡，其势愈增。

【读解】

说到"明修栈道，暗度陈仓"，很容易让人想起"声东击

---

① 示之以动：示，给人看。 动，指迷惑敌方的行动。 此句的意思是把假象做给别人看。

② 益动而巽：这句话涉及《易经》"益"卦。 "益"卦的直观意思是风雷激荡。 这句话的意思是说运动是天地间的正道。

西"。 是的，这两条计谋的确是大同小异，存在许多雷同的地方。 所以，就连此计在谈到蜀、魏白水两岸对峙时也说了"姜维不善用暗度陈仓之计，而邓艾察知其声东击西之谋"这样的话。

那么，"暗度陈仓"与"声东击西"有哪些相同的地方和不同的地方呢？ 笔者认为，正如有的学者所言，相同的地方主要有两点：从根本上说，二者都是示假隐真的谋略，同属《孙子兵法》中的"示形"范畴；从内容上看有完全相同的地方，如前者的"明修栈道"与后者的"声东"即是如此。 至于它们不同的地方，则只有一点，即："声东击西"重在"击"，属于主动进攻的谋略，而"暗度陈仓"重在"度"，既可用于进攻，亦可用于后退，还可以用于调整部署，适用范围更为广泛。

总之，无论"暗度陈仓"也好，还是"声东击西"也好，它们都是对《孙子兵法》奇正、虚实谋略具体而巧妙地运用。 《孙子兵法·势》说："三军之众，可使必受敌而无败者，奇正是也。"又说："凡战者，以正和，以奇胜……战势不过奇正，奇正之变，不可胜穷也。"由孙子的论述不难看出，奇、正是克敌制胜的基本手段。 那么，何为正，何为奇？ 一般说来，正是指常规的、正面的、公开的方式，而奇则是指特殊的、侧面的、隐蔽的方式。 奇与正是一种对立统一的关系，二者不仅相互依存，而且可以相互转化。 它们既可以正是正，奇是奇，也可以正化为奇，奇化为正。

战争中，所以必须运用"奇正"手段，目的是要做到避实击虚；而只有做到"避实击虚"，才能赢得战场主动权，并最终克敌制胜。

"暗度陈仓"也好，"声东击西"也好，能否成功，关键在于"示形"，即关键在于"明修栈道"之类的"声东"措施是否巧妙逼真，是否能将敌人瞒住。

　　两个计策的共同点是：它们都运用了手段与目标的相互背离，两者都是虚张声势，制造一种假象迷惑人，然后在假象的掩盖下采取真实的行动。敌方都必须被我蒙蔽，如假象被识破，敌方没有进入我方预计的状态，就一定要取消行动，否则就是自取灭亡。

　　【活学活用】

　　活学活用一：邓艾暗度阴平

　　三国后期，魏国实力最强。263 年，司马昭执政时，做好了灭蜀的准备。司马昭派出三路人马：邓艾和诸葛绪各统率三万大军，钟会带领十万大军，分路出击。

　　魏军攻势凶猛，连连获胜，不久就攻占了蜀国的多座城池。邓艾一路攻到阴平一带；钟会合并了诸葛绪的人马，兵力更加强大，直逼剑阁。蜀军统帅姜维带领将士凭借着剑阁的险要地势，顽强地抵挡住了钟会大军的进攻。钟会兵力虽强，却对姜维无可奈何；再加上大军长途跋涉，后继军粮供应跟不上，钟会萌生了退兵的想法。

　　这时，邓艾从阴平赶来。当时，邓艾手下只有三万兵力，而钟会却统领着十三万大军。钟会自恃兵多将广，根本没把邓艾放在眼里。邓艾早已闻知钟会在剑阁受阻。他心里暗自盘算：既然剑阁过不去，能否找到其他通道通往蜀国都城呢？于是，他派出许多探马，让他们仔细勘察当地的地形、环境，终于探得一条从阴平通往成都的小路。这条小路的两侧是险峻的山岭，路面崎岖不平，很难行走。据说这条路是汉武帝南征时开凿的，至今已有三四百年无人通行了。邓艾闻报，心中暗喜：真是天助我也！此路如此艰险，那蜀军必定想不到我会率军从此路偷袭成都，更别提加以防范了！ 于是，邓艾马上带领大军返回阴平，派其子邓忠率五千精兵手执斧头、铁锹，做开路先锋。 他自己则带领大军备足了干粮、绳索，紧随其后。 这一天，负责开路的邓忠匆匆忙忙地跑来向邓艾报告，说前方遇到一座陡峭的悬崖，恐怕难以通过。 邓艾带领将士前去查看，看见那座悬崖十分陡峭，崖下山谷深不见底。

邓艾见状，转身下令让大家先把行装、兵器扔下悬崖，然后自己拿过一条毡毯，裹住身体高声喊道："大家照我的样子，滚下悬崖！"随后，他带头滚了下去。 将士们深受感动，都像邓艾那样，纷纷滚到崖底，未伤一兵一卒。 邓艾重新集合队伍，继续前进，先后拿下了江油、绵竹，逼近成都。 蜀国皇帝刘禅接到战报，想调回驻扎在剑阁的姜维大军，但已经来不及了，无奈之下只得出城投降。 邓艾另辟蹊径，暗度阴平，一举灭亡了蜀国。

活学活用二：赵匡胤暗谋帝位

陈桥兵变，黄袍加身，赵匡胤逼恭帝禅让皇位一事，并非《宋史》所称的赵匡胤为大军所迫顺从而行的一次偶然事件。 实际上是赵匡胤施行明修栈道、暗度陈仓之计，发动了一场一切皆在密谋策划之中的政变，而其谋主就是赵匡胤。

世宗病逝，新王不谙人事，太后不习国政。 孤儿寡母高居台上，面对复杂的内政外侮，只能求助于辅政重臣。 恭帝上台后，诏命李重进兼淮南节度使，韩通兼太平节度使，向训为西京洛阳的留守，赵匡胤封开国侯，兼归德节度使。 四方布兵，拱卫京师。既掌禁兵大权，又节制地方藩镇的赵匡胤，见到后周朝廷内虚严重，正是谋夺帝位的大好时机。 于是他召集谋臣赵普、弟弟赵匡义一起密商，最后明察善断、处事周密的赵普出谋，设计了一个明修栈道、暗度陈仓的计谋。

赵普等人计谋的第一步是利用幼主刚刚上台，畏惧边患、急于稳固政权的心理，先令人伪造假情报，谎报边患紧急。这样朝廷必然要求助掌握军事大权的赵匡胤，赵匡胤就可以名正言顺地率领朝中大部禁兵出征，离开京都。这样既可以使赵匡胤避开朝中与自己地位资望相近的朝臣将帅，以及北周宗室于公、宰辅们的耳目，又可以转移朝廷视线，削弱朝廷军事力量，造成周政权内部虚弱，攻之无力还手的状态。而赵匡胤以禁军首领领大军出征，亦是国家遇边患时采取的通常做法，丝毫不使人怀疑。果然，当显德七年（960年）正月初一，突然从定、镇二州传来北汉和辽朝合兵南侵的消息后，宰相范质正沉浸在欢度春节的气氛中。军情火急，仓促间他也不思考辽朝刚刚一个多月前战败而归，人马困乏未解，哪能马上再度南犯？于是召赵匡胤紧急商磋，赵当然顺水推舟，尽带朝中禁兵精华、心腹亲将，离京出征。至此，赵匡胤以假情报迷惑对方，佯动掩护，造成对方暴露薄弱之处的目标达到，也为下一步回师突袭创造了条件。

赵匡胤北御辽寇本来就是假，大军的先锋、殿前副点检兼镇宁军节度使慕容延钊是赵的莫逆之交，所以到了陈桥驿，就借故停了下来。心腹高怀德受赵匡义、赵普指使，先在军中煽动，鼓动军心。又有赵普、赵匡义从中以富贵功名相许，兵士当然兴致高昂。等到将领兵士们被鼓动起来，赵匡胤又故意装作醉酒，示以被迫顺从军心的样子。实际上，如果前方真的军情严重，敌人进犯，作为大军统帅，怎能第一天出征就逗留不前，沉湎于酒仙之中呢？何况禁军在军中喧闹一夜，声音嘈杂，他如果是一个赤心为国、一心御敌的将帅，又怎能容忍这种严重犯纪情况存在呢？故此，当众将领一致推之为首，黄袍披上身上之后，他就以皇上口吻下令。 要求众将领唯命是从，归城后不得违纪扰民，侵掠朝廷的府库财物，听命者重赏，违令者诛及子孙。 起事的将领士兵已上圈套，当然会绝对服从。 赵匡撤安顿了禁兵，第二天突然回师开封。 京师本来兵力空虚，留下的石守信等人亦是赵匡撤的亲信。恭帝柴宗训、宰相范榜正翘首以盼赵帅的报功消息，意料不到赵匡胤回马京师，群臣毫无还手之力，只能束手就范。 回师当天，恭帝被迫诏令，要效法古代尧舜禅让故事，让位给有上圣之姿、神武之略、功德具备的前殿前都点检赵匡胤。 赵假惺惺地到崇光殿受命接禅让书，后周皇帝的宝座几天之内，移到了自己的身下。

【心得精要】

　　此计适合在我方不便正面进攻，而又另有可"度"之路的情况下使用。 "明修栈道"是做样子给敌人看的，以便吸引和牵制敌人的有生力量，而"暗度陈仓"是我方所要达到的真实意图。 修栈道要"明"，让敌人知道，度陈仓要"暗"，掩人耳目。 只有做到这一"明"一"暗"，才能保证行动的成功。

　　应用于商战，此计可引申为：故意暴露自己的行动，用以迷惑麻痹竞争对手或以此吸引顾客，然后暗中准备行动，战胜对手或赢得顾客。 在战时，运用暗度陈仓的谋略，可以攻敌不备，获取胜利。 在平时，运用暗度陈仓的谋略，可以化险为夷甚至兴业发家。

第九计　隔岸观火

【本计旨要】

隔岸观火，意同"坐山观虎斗"，此计的正确使用方法是"待逆"，即静止不动，以静观变，随变而动，使敌人内部自相残杀。当两股敌对势力相争时，我方既不盲目援助，也不鲁莽干涉，而是静观其变，直到事情发展到有利于自己的地步，才相机行动，及时出击，坐收渔利。

【计名探源】

"隔岸观火"一词，可能与唐代诗人乾康拜访齐己时的一首诗《投谒齐己》有关："隔岸红尘忙似火，当轩青嶂冷如冰。烹茶童子休相问，报道门前是衲僧。"

乾康和齐己都是唐代的僧人。据《全唐诗话续编》记载，齐己出家在湘西道林寺期间，乾康前往拜会。门童说："与我师父交往的人都会作诗，请你也作一首诗作为名片吧。"于是，乾康便作了上面这首诗。诗的大意说：外面尘世中人们忙得如火如荼，山里寺院看门的人待客却冷似冰水。你这煮茶的童子就不要再问了，赶紧回去报告你的主人吧，就说门前来个穷和尚。齐己一听大喜，赶紧把乾康迎进室内，并从此每天都把乾康奉为上宾。后来，人们便从诗中引申出了"隔岸观火"这一成语。它的意思是：置身事外，对身边发生的本来可以关心甚至应当关心的事情却采取袖手旁观的态度。

不过，这一成语何时被引入军事领域，则不得而知。"隔岸观火"一语被正式引入军事领域虽然比较晚，但其相关思想的出现却比较早。如春秋战国时期，各诸侯国之间的战争是相当频繁的。交战国作为当事各方自然不可能置之度外，但其他诸侯国则往往采取"隔岸观火"的态度，静候其变，待形势明朗之后再决定自己的态度和策略。《孙子兵法·火攻》论述的"非利不动，非得不用，非危不战……合于利而动，不合于利而止"的观点以及"警之""慎之"的观点，的确与此计的谋略思想极为吻合。

【原典】

阳乖序乱，阴以待逆①。暴戾恣睢②，其势自毙。顺以动豫，豫顺以动③。

【精义】

在敌人内部矛盾公开化，走向分崩离析之时，应该暗中等待他们的局势不断恶化。等到敌人肆行无忌、自取灭亡的时候，再顺势

---

① 阳乖序乱，阴以待逆：阳、阴，指敌我双方两种势力。乖，分崩离析，不协调。逆，混乱、暴乱。全句意为：敌方众叛亲离，混乱一团，我方应静观以待其发生大的变乱。

② 暴戾恣睢：穷凶极恶。

③ 顺以动豫，豫顺以动：语出《易·豫·象》："豫，刚应而志行，顺以动，豫。豫顺以动，故天地如之，而况建侯行师乎？"豫即喜悦。豫卦坤下震上。顺以动，坤在下，是顺。震在上，是动。意思是说：阴阳相应，天地之间也能任你纵横，何况建诸侯国、出兵打仗呢？这些目的一定能达到。用在本计上，即以欣喜的心情，静观敌方发生有利于我方的变动，以便顺势而制之。

而动，坐收渔人之利。

【读解】

一般说来，在自己不宜出战、无力出战或者不便出战时，均可采取"观"的态度。 "观"的方法有很多种：一是袖手旁观，二是静而暗观，三是退而远观，四是顺而动观。 隔岸观火要根据具体情况灵活运用，"观"不是消极地看，除了"观"之外，还要想办法让火烧得更大，甚至还要找机会趁火打劫、从中渔利。 当然，当火未烧起时，即敌人内部矛盾尚未激化时，没有隔岸观火就直接去趁火打劫的做法是错误的。 因为这时火候不到，一旦有第三方施加压力，敌人就会暂时消除内部矛盾，团结起来一致对外。隔岸观火有以下三种含义：

一、先为不可胜。 《孙子兵法》说："昔之善战者，先为不可胜，以待敌之可胜。"在"火"烧得正旺时，切不可草率趋近取"栗"，否则会引火烧身。 应当先"隔岸"观察"火"的动向，这样可以确保自身的安全。 待到时机成熟，再采取行动，定能一举成功。

二、坐山观虎斗。 在通常情况下，外部矛盾的加剧会促使内部矛盾的缓解，外部矛盾的缓解会导致内部矛盾的加剧。 在两虎相争时，可以坐山静观，让它们互相撕咬，直至两败俱伤。

三、坐收渔利。 "观火"不是最终目的，"观火"是为了取利。 因此，在鹬蚌相争之时，要抓住双方不能自拔的有利时机，收取渔人之利。 一旦错过时机，恐怕"利"就会为他人所得。

隔岸观火的使用并不像想象中的那样悠闲，敌人后院起火当然是必要条件，而自己也要有一个坚实的堤岸可以凭借。 要离火场远一点，不能被火烧伤。 总体说来，对于实力不济的一方，隔岸观火是乱中取胜的办法，而对于实力本就占优的一方，隔岸观火之后，就可以摧枯拉朽了。

【活学活用】

活学活用一：巧言退敌，计除白起

战国后期，秦将武安君白起在长平一战，全歼赵军四十万，赵国国内一片恐慌。白起乘胜攻下赵国十七城，直逼赵国国都邯郸，赵国指日可破。

赵国情势危急，平原君的门客苏代向赵王献计，愿意冒险赴秦，以救燃眉之急。赵王与群臣商议，决定依计而行。

苏代带着厚礼到咸阳拜见应侯范雎，对范雎说："武安君这次长平一战，威风凛凛，现在又直逼邯郸，他可是秦国统一天下的头号功臣。我可为您担心呀！您现在的地位在他之上，恐怕将来您不得不位居其下了。这个人不好相处啊。"苏代巧舌如簧，说得应侯沉默不语。过了好一会儿，才问苏代有何对策。苏代说："赵国已很衰弱，不在话下，何不劝秦王暂时同意议和，这样可以剥夺武安君的兵权，您的地位就稳如泰山了。"

范雎立即面奏秦王。"秦兵劳苦日久，需要修整，不如暂时宣谕息兵，允许赵国割地求和。"秦王果然同意。结果，赵国献出六城，两国罢兵。

白起突然被召回，心中不快，后来知道是应侯范雎的建议，也无可奈何。

两年后，秦王又发兵攻赵，白起正在生病，改派王陵率十万大军前往。这时赵国已起用老将廉颇，设防甚严，秦军久攻不下，秦王大怒，决定让白起挂帅出征。白起说："赵国统帅廉颇，精通兵法，不是当年的赵括可比。 再说，两国已经议和，现在进攻，会失信于诸侯。 所以，这次出兵，恐难取胜。"秦王又派范雎去动员白起，两人矛盾很深，白起便装病不答应。 秦王说："除了白起，秦国就无将了吗？"于是又派王陵攻邯郸，五月不下。 秦王又令白起挂帅，白起伪称病重，拒不受命。 秦王怒不可遏，削去白起官职，赶出咸阳。 这时范雎对秦王说："白起心怀怨恨，如果让他跑到别的国家去，肯定是秦国的祸害。"秦王一听，急派人赐白起剑，令其自刎。 可怜为秦国立下汗马功劳的白起，落到这个下场。

当白起围邯郸时，秦国国内本无"火"，可是苏代点燃范雎的妒忌之火，制造秦国内乱，文武失和。 赵国隔岸观火，使自己免遭灭亡。

活学活用二：曹操用计平河北

三国时，割据一方的袁绍病逝。 袁绍临终前立三子袁尚为大司马将军，其长子袁谭深为不满。 恰在此时，曹操进攻黎阳。 袁谭迎战大败，只好派人向袁尚求救。 袁尚担心袁谭降曹，倘若袁谭、曹操两军联合，将对自己极为不利。 于是，袁尚亲率大军救助袁谭。 不久，袁绍的次子袁熙、袁绍的外甥高干也带领救兵来到黎阳城下。

曹军在黎阳城外久攻不下，正在一筹莫展时，谋士郭嘉献策说："袁绍废长立幼，而袁谭、袁尚二人势力相当，各树党羽，互相争斗。 如果进攻太急，他们就会团结一致对付我们；如果暂缓攻击，他们之间必定会相互争斗火并。 我们不如暂且举兵南下，等其内乱发生后，再进击他们，到时候可以一举平定河北之地。"

曹操认为很有道理，便下令向荆州进兵。

果然如郭嘉所料，曹操撤军不久，袁谭与袁尚即大动干戈。袁谭不敌袁尚，便派人向曹操求救。曹操乘机挥军北上，先打败袁尚、袁熙，后又消灭袁谭和高干，一举平定了河北。

袁尚、袁熙被逐出冀州后，连夜奔往辽西投靠乌桓去了。后来曹操的军队在白狼山与袁氏兄弟及乌桓王冒顿的大军相遇，冒顿大败被杀，袁熙、袁尚率数千人逃向辽东。曹操并不追赶，而是退军易州，按兵不动。大将夏侯惇说："辽东太守公孙康久不宾服。现在袁氏兄弟前往投靠，必为后患。不如乘其未动，火速往征。"曹操笑道："不用急，几天之后，公孙康定会自动将二袁的脑袋送来。"果然，没过多久，公孙康就派人将袁熙、袁尚的首级送到。

原来，郭嘉因病不便随军征战，曹操带领大军出征前，郭嘉留给曹操一封信，信中说："公孙康一直担心遭袁氏吞并，今袁熙、袁尚前去投奔，心中必然怀疑。如果我们派军攻打，他们势必并力迎击，而我军恐怕一时难以得手；如果我们暂缓出兵，公孙康与袁氏兄弟就会火并。"事情正如郭嘉分析的那样，公孙康听说袁熙、袁尚要来投靠，当即与手下人议定：若曹操前来征讨，便留下他们，合力抗曹；否则，就将他们杀掉，献给曹操。所以，当得知曹操屯兵易州时，公孙康立即设计将二袁杀掉，并且派人将首级送到易州。

就这样，曹操运用隔岸观火之计，不费一兵一卒，既得了二袁的人头，又得了公孙康的降书，真可谓不举而两得。

【心得精要】

"隔岸观火"的策略之所以会屡屡被成功地运用到政治、军事和外交领域，在于其有着深刻的哲学道理。 众所周知，世间一切事物中存在着种种复杂的矛盾，在一定范围内各种矛盾不仅有主、次之分，而且它们的主、次地位可以互相转化。 在政治、军事、外交斗争中，对立的各方由于其内部必然地存在利益冲突，其实也是一个矛盾的载体，这就为斗争的指导者因势利导地利用矛盾去获取最大利益提供了可能。 在适当时候，减轻甚至解除加给敌方的压力，往往会使其内部矛盾由次要地位上升为主要地位，从而给我以可乘之机。 所以，作为斗争的指导者，必须善于观察、分析和利用敌方内部的种种冲突与矛盾，以求得斗争的最佳成效比。

第十计　笑里藏刀

　　笑里藏刀，原是指那种表面和气、内心阴险的两面派，对此，古人有许多概括，诸如：两面三刀，口蜜腹剑，阳奉阴违，等等。在军事谋略上一般是指通过政治、外交上的伪装手段，欺骗麻痹对方，以掩盖军事行动。　这是一种表面友善而暗藏杀机的谋略。　运用这一谋略的人，"笑"的方法多种多样，有的曲意求和，有的阿谀奉承，有的故作孱弱……但最终目的都是为了"藏刀"。　当然，也有人为了达到个人目的，对自己人搞"笑里藏刀"，这无疑是行为不端的小人之举，最终也往往是搬起石头砸自己的脚。

【计名探源】

　　从《孙子兵法》的有关论述可知，"笑里藏刀"军事谋略思想的形成是很早的，但作为一个成语，它的出现却比较晚，并且和军事并无关系。

　　据新、旧《唐书》记载，生活在初唐时期的李义府，外表温和谦恭，与人说话必定面带微笑，装出高兴的样子，但实际上狭隘忌刻，阴险毒辣。　他位高权重之后，企图让别人依附自己，便对曾稍微抵触过他的人，动辄进行倾轧和陷害。　所以，当时人都说他"笑中有刀"；又因为他表面上温柔和气却经常中伤害人，而称他为"人猫"。　元代关汉卿杂剧《单刀会》唱词有"那时间相看的是好，他可便喜滋滋笑里藏刀"的话，但真正将"笑里藏刀"作为一种谋略思想概括而引入军事斗争的，恐怕还是《三十六计》。

【原典】

信而安之①，阴以图之②，备而后动③，勿使有变。刚中柔外也④。

【精义】

要让敌人信任自己，要让他自以为安如泰山，其实自己在暗地里进行对敌的准备，一旦准备成熟就开始行动，决不给对方应变的机会。在用计的过程中，要保持表面上的恭顺，但是内心要坚定刚毅。

【读解】

此计的含义有三种：

（1）口蜜腹剑。 嘴里讲的话比蜜还甜，心里却藏着一把杀人的利剑。

（2）刚中柔外。 表面上谦恭和善，骨子里却阴毒无比。

（3）伪装顺从。 一方面对别人表示诚心服从，按别人的意愿行事；另一方面却心怀异志，等待时机。

运用此计的关键在于一个"笑"字。 笑必须自然真实，使敌人"信而安之"。 "笑"的目的是为了"藏刀"。 无论何时何

---

① 信而安之：信，让别人信任自己。 安，让别人心安。
② 阴以图之：阴，暗地里。 图，针对。
③ 备而后动：备，准备好了。 动，行动。
④ 刚中柔外：表面柔顺， 内里强硬。

地，"刀"要藏在"笑"里，千万不能暴露出来，以防此计被人识破。

此计的要点是"备而后动"，即准备充分后立即行动。当准备不足时，有两种情况：当我方比对方实力强时，要"笑"，使对方有感激心理，从而放松警惕；当我方比对方实力弱时，要假痴发癫，假装我方什么都不知道，什么都没有做，其实在暗地里积极准备，等待时机成熟后便突然出刀。《三十六计》始终强调的是实际行动，而不是为计谋而计谋。所以在麻痹对方之后，一定要果断行动，不要等对方突然醒悟，发生变故。

【活学活用】

活学活用一：郑袖争宠

战国时期，魏襄王为了加强和楚国的关系，于是将一位美人献给楚怀王。美人美丽而乖巧，楚怀王一下子被她迷住了。这惹恼了原来最得楚怀王宠爱的妃子郑袖。但是郑袖很明智，她知道楚怀王现在和魏美人正处幸福期，自己如果有所行动，恐怕会露出破绽，反而引火烧身，所以这个妒火中烧的女人选择了最高明的办法。

她不但不生气，反而对这位来自魏国的竞争者大献殷勤。郑袖做出一副把魏美人当姐妹的笑脸，经常和魏美人携手散步，各国进献给楚国宫廷的礼品，诸如陈国的绸缎、齐国的玉簪，郑袖都拣上好的物品送给魏美人。更为厉害的是，郑袖一刻不停在楚怀王面前夸赞魏美人，说她模样好、脾气好。楚怀王感到很意外，继而大为感动，觉得郑袖通情达理，贤良淑德，堪为后宫表率，也没有冷落郑袖。至于魏美人呢？觉得自己背井离乡，终于有了一个可以依靠的好朋友，没事也在楚怀王面前夸赞郑袖。但是郑袖在麻痹了这两个人之后，还是要取刀下手。　其实郑袖的目的是为了取得楚王的信任，好再设计陷害这位美人。

有一天，郑袖装作很关心的样子对魏美人说："妹妹，你来楚国很久了。　大王很喜欢你不错，可是美中也有不足。　大王虽然喜欢你的美貌，可是总觉得你的鼻子不够漂亮。　依我看，你要得到大王的长久宠爱，以后面君时最好把鼻子用袖子遮住，这叫扬长避短。"魏美人听了这番话很感激，于是就按郑袖的指点去办了。楚王看到魏美人见到自己总是遮着鼻子，一次两次不在意，时间长了颇感奇怪，知道郑袖和魏美人关系好，就到郑袖那里了解情况，这下子郑袖终于等到机会有话可说了。

郑袖故做好人，先是摆出一副不便开口的样子，她越装出欲说不说的样子，楚怀王就越感兴趣。　在楚怀王再三追问下，郑袖吞吞吐吐地说："魏美人年纪小，不懂事。　她觉得大王身上有一种臭味，所以就用袖子遮住鼻子。　其实她也是的，男人哪能一点味都没有呢？"楚怀王是个暴虐的昏君，听后非常生气，一怒之下割掉了魏美人的鼻子。　郑袖两面做了好人，又不动声色扫除了一个争宠的敌人，达到了目的。

活学活用二:韩非被逼饮毒

韩非是韩国公子，才学渊博，胸有大志，曾拜在荀子门下，与李斯一同学习治国之法。　当时韩国势弱，可是韩王重用佞臣，排斥主张变法图强的韩非。　韩非郁郁不得志，埋头于著述，撰成《孤愤》《五蠹》《内外储说》《说林》《说难》等书。　在书中，他全面总结了商鞅、申不害等人的法家思想精华，提出了较完整的法家理论，他认为法是国家的规矩准绳，要编著成书籍，设立于官府，布之于百姓。　统治者应该以法为本，法、术、势三者合一，缺一不可。 韩非的思想很符合秦王嬴政的心理，当韩国的郑国被派到秦国，帮助兴修大型水利工程时，就把韩非的《孤愤》《五蠹》两书进献给秦王。 嬴政看后，惊叹不已，对丞相李斯说："寡人如果与此人相见同游，死也无憾。"李斯见嬴政如此推崇韩非，心中惊惧，担心韩非如若来秦，自己的地位必将受影响。

前234年，秦国遣使召韩非入秦见秦王，李斯告诫秦王政，要警惕韩非其人。 韩非到达时，丞相李斯先以老同学名义，予以韩非热情欢迎，他在府中设宴款待韩非，并安顿韩非住在秦都上好的客舍中。

韩非刚到秦国，即上书秦王，进献自己兼并六国之策。 上书中写道："秦国应该先灭韩、赵、魏，以远交近攻之策，打破六国合纵盟约，然后再分别攻取，即会一统天下。"秦王看了韩非的上书，心中很高兴，但丞相李斯早先提醒过自己，要提防韩非，所以并没有马上重用韩非。 而韩非不知李斯私下从中阻拦，以为秦王会召见自己，就在客舍中耐心等待。 秦王嬴政在朝日理万机，自己已遣使专程召韩非入秦，本该韩非来京后主动求见，却迟迟不见动静，于是就询问丞相李斯韩非来秦后的近况。 李斯答道："韩非这个人恃才傲慢，他不愿见陛下。"秦王不明就里，不由得恼怒万分，下令把韩非下囚入狱，同时要狱卒不得慢待，希望他回心转意。

秦王嬴政是战国七雄中一位有为的君主，他善于选拔和使用人才，为了实现自己统一中国的雄心大业，他不避远疏，网罗了不少六国的有才之士为己服务，如吕不韦、李斯等不少客卿。 对此情况，身为丞相的李斯非常清楚，韩非才华出众，秦王如召见识用，极有可能被重用。 秦王虽然暂时听信自己所说，把韩非下狱，但是秦王的优待态度，说明了秦王对韩非是心存尊重的，一旦被秦王发现自己从中阻拦的秘密，自己也不得善终。 于是一不做，二不休，他串通好朝中与韩非有宿怨的姚贾，一齐到秦王面前进谗言。嬴政听后，怒火中烧，李斯则乘机进言："韩非是韩国的诸公子之一，现今大王要兼并诸侯灭六国，韩非毕竟是韩国人，最终会帮助自己的韩国，而不会为秦国设想，这也是人之常情。 现今大王没有任用他，如果让他回韩国，将会给秦国遗留后患，不如借口法律杀死他。"秦王接受了李斯的建议，下令有司以秦朝法律名义治罪韩非。

韩非无端被下狱治罪，入狱之后才明白自己中了李斯笑里藏刀之计，被李斯阴谋算计。 他想为自己辩白，但监狱已为李斯控制，无法与秦王取得联系。 不久，李斯派人送毒药给韩非，并附亲笔信一封，信中写道："秦国已决定将客卿全部放逐，当然不会放他们回去，自己服药吧！"

韩非痛心自己千虑一失，被小人李斯算计，于是饮毒身亡。

【心得精要】

要实施笑里藏刀，一要能够掩饰住自己的杀机。 不论是亡国灭种之仇，还是杀父夺妻之恨，都能够控制住自己的情绪。 笑里藏刀最忌讳的就是杀机暴露。 所以笑里藏刀的第一个实施条件是施计者有足够的忍耐力。 二要能给对方开出一个有诱惑力的菜单，用切实的好处打消对方的疑虑，增强对方的信任。 没有好处，别人怎么相信你无害？ 笑里藏刀的第三个条件是要善于把握机会，抓住机会拔刀伤人。 在捧出了无数的笑脸之后无所作为，岂不是白白让对方得了好处？

第十一计　李代桃僵

【本计旨要】

李代桃僵，本来是以桃李共患难比喻兄弟相互友爱，相互帮助。后来用来指互相顶替或代人受过。此计引申到军事领域，可从两个方面理解。一方面是从战略上，牺牲局部的、眼前的利益，来换取全局的、长远的胜利。另一方面是从战术上，以小的代价换取大的胜利。作为一种舍小保大的计谋，李代桃僵类似于象棋对局中的"丢卒保车"。

【计名探源】

此计语出自《乐府诗集·鸡鸣》："桃生露井上，李树生桃旁。虫来啮桃根，李树代桃僵。树木身相代，兄弟还相忘？"李代桃僵的原意是指李树代替桃树受虫蛀，用来比喻兄弟间的友爱互助，后泛指互相替代、代人受过等行为。此计用在军事上，指在敌我双方势均力敌，或者在敌优我劣的情况下，用小的代价换取大的胜利的谋略。

【原典】

势必有损，损阴以益阳①。

① 损阴以益阳：阴，局部，部分；阳，全局，整体。

【精义】

当局势发展到必然有所损失时，应舍弃细微的、局部的损失而保全大局。

【读解】

"李代桃僵"的核心意思是：以局部的牺牲换取全局的胜利。

作为一种谋略思想，"李代桃僵"大致可以从以下角度进行阐释：一是从被牺牲的局部来说，有主动与被动的区别；二是从运用此计的目的来说，有进取与保守的区别。从一定意义上说，"丢卒保车"可以视为"李代桃僵"的同义语。

一般来说，凡是为正义事业而斗争的人，当斗争需要他为全局的利益做出牺牲时，绝大多数情况下都是清楚的，而且会主动要求这样去做。但是，在黑暗的官场和其他各种非正义斗争中，被牺牲者却往往什么都不知道就糊里糊涂为别人当了替死鬼。《三国演义》中曹操的粮官王垕，就是一例；而杀死魏高贵乡公曹髦的成济、成倅，同样也是一例。

在军事斗争中，运用"李代桃僵"的策略，既可以出于主动进取的目的，也可以出于被动保守的目的。《孙子兵法》说："兵以利动。"也就是说，所有战争都是利益的争夺。但是，诚如本计所说，"战争之事，难得全胜"。再说，利也有眼前与长远、局部与整体、次要与主要、表面与根本的区别。作为一名指挥员，必须善于从全局范围和战略高度着眼，两利相权取其重，两害相权取其轻，精确运筹，巧妙谋划，恰当地部署和使用自己的兵力与其他资源，以求获取最大的战场效益。只有这样，才能做到无论出于何种目的运用"李代桃僵"的策略，都会是恰当的。

说到战争中的得失问题，毛泽东的论述最为精辟、透彻。他在《中国革命战争的战略问题》中说："关于丧失土地的问题，常有这样的情形，就是只有丧失才能不丧失，这是'将欲取之必先与之'的原则。如果我们丧失的是土地，而取得的是战胜敌人，加恢复土地，再加扩大土地，这是赚钱生意。市场交易，买者如果不丧失金钱就不能取得货物；卖者如果不丧失货物，也不能取得金钱……睡眠和休息丧失了时间，却取得了明天工作的精力。如果有什么蠢人，不知此理，拒绝睡觉，他明天就没有精神了，这是蚀本生意。"

原典中的"阴"指局部、个体，"阳"指全局、整体。"损阴以益阳"指损失局部保全整体，以小的代价赢得大的甚至全局的胜利。

【活学活用】

活学活用一:程婴舍儿保赵孤

在与敌人的抗争中，为了保存自己，实现自己的目的，要不惜牺牲局部的小的利益，舍小就大，或"丢车保帅"或抛出"替罪羊"。要在权衡得失之间，不为眼前所失痛惜，而着眼于长期的、全局的利益。

前607年，晋灵公被势力强大的赵氏家族的成员所杀。数年后，晋景公上台主持政务。宠臣屠岸贾乘机进谗言说："赵氏家族曾弑灵公，现在又密谋造反。"晋景公信以为真，命屠岸贾将赵氏家族满门抄斩。

有位不赞成这样滥杀无辜的大臣，把这个消息告诉了赵氏家族的主要成员赵朔。赵朔就先把已怀孕的夫人——原晋侯的女儿送入宫中躲藏，然后他自杀身亡。过了不久，屠岸贾率领军队冲进了赵家，杀死了所有的家族成员。 赵朔的夫人因事先躲入宫中而幸免于难。 后来赵朔的夫人分娩，生下一子，取名为赵武。 不料消息走漏，屠岸贾派人四处搜寻赵氏孤儿，并下令把晋国半岁以下、一月以上的婴儿全部杀掉，帮助和隐匿赵氏孤儿者将被处以极刑。

在赵氏家族将会被斩尽杀绝的危急时刻，赵家的两位忠实门客程婴和公孙杵臼挺身而出，抱定"士为知己者死"的宗旨，决心舍命保赵氏之后。 程婴有一个儿子与赵武同龄，他愿献出自己的儿子代赵武去死。 公孙杵臼说："你既肯舍弃自己的儿子，就将他交付于我，我带你的儿子躲藏于太平庄上，你去屠岸贾那儿报告，屠岸贾将率军队来捉拿，将我与你儿一并处死。 你将赵氏孤儿抚养成人，为他父母报仇，这才是一个上策。"二人商量好后，程婴就往屠岸贾处告发。 这样公孙杵臼和程婴的儿子都被屠岸贾处死了，而真正的赵氏之后赵武则被秘密从宫中送出，交程婴抚养成人。

在赵武十五岁那年，晋悼公为赵氏家族恢复了名誉和地位。赵武也知其中的一切原委，就对晋悼公说："屠岸贾为非作歹，死有余辜。 我与他有不共戴天之仇，请允许我杀掉屠岸贾的全家，为赵氏家族报仇，为程婴、公孙杵臼等忠良雪恨！"晋悼公同意了赵武的请求，屠岸贾全家遂被赵武杀掉。

屠岸贾为杀掉赵武而下令把与赵武年龄相仿者全部杀掉，程婴用自己的儿子冒充赵武，以"李代桃僵"之法保存了赵氏孤儿，为赵氏家族最终报仇雪恨留下了一条根。

活学活用二：李牧大败匈奴

战国末期，赵孝成王派李牧为将，镇守北边，帅府驻在代雁门郡（今山西省西北部宁武县以北）。 为便于抗击匈奴，赵王特别赋予李牧可以根据战争的需要设置官吏的权力，而且一郡的田赋税收也全部归帅府，用作军事开支。

李牧到任后，每天宰杀几头牛犒赏士卒，加紧训练骑马射箭技术；同时派精兵严守烽火台，以备随时报警；又派出大量侦察敌情的情报员，以便有军情及时报告。 全军战士得到李牧的厚遇，人人争先，个个奋勇，都希望能为国家出力效劳。

平时，李牧总是明令部下："如果匈奴侵入边境掠夺物资，赶快把物资收拾起来，退入城堡内防守，如有擅自出战捕杀匈奴者，斩首示众。"

于是，每当匈奴入侵边境时，烽火台一报警。 李牧立即下令收拾物资退入城堡，从不出战，这样过了几年，李牧没有人员伤亡，也没有损失过物资。 然而，时间一长，匈奴兵将总以为李牧胆小怯战，根本不把他放在心上。 就连赵国的士兵们也在下面偷偷议论，认为李牧胆小怯战，还有愤愤不平者。

后来，有人把李牧一意坚守不主动出击的消息报告给了赵孝成王，赵王派使者责备李牧，要求李牧出击匈奴。 李牧却仍然和原来一样，只要匈奴一来，即深沟高垒，坚守不出。 匈奴往往满怀希望而来，却一无所获而归。

赵王听说李牧仍然一味防守，灭了自己的威风，非常生气，也认为他胆怯无能。 于是，立即免去了李牧的职务，派另外一员将领代替了他。

新将领到任后，废弃了李牧的全部规定，只是每天加紧训练，准备抗击入侵的匈奴。 一年多以来，每当匈奴入侵，一边将都下令出战，每次出战都不利，人员伤亡很大，物资损失也很多，而且边境上的百姓没有办法耕种和放牧，都纷纷逃亡。

实在没有办法，赵王只得又派使臣去请李牧重新担任代雁门郡郡守，李牧借口有病，坚决不肯就任。不得已，赵王只得下令强迫李牧出来。

李牧对赵王说："大王，如果一定要为臣重新任北边守将，那就必须答应还照我从前的办法，我才敢接受命令。"赵王非常爽快地答应了。

这样，李牧又来到代雁门郡，命令将士还照以前的办法坚守。几年内匈奴几次入侵，都一无所获，总以为李牧胆小怯战。边疆将士因为天天得到犒赏，却没有出力的机会，都希望能在战场上为国家效力。李牧看条件已经成熟了，于是，准备了经过严格挑选和修理好的战车一千三百辆，又挑选出精壮的战马一万三千匹，勇敢善战的士兵五万人，优秀射手十万人，然后把挑选出来的车、马、战士统统严格编队，进行战斗训练。一切准备就绪之后，让百姓满山遍野去放牧牲畜，引诱匈奴入侵。

没过多久，探子来报，发现小股匈奴兵到了离边境不远的地方。李牧派了一支小部队出战，刚一跟匈奴兵接触，就佯败拼命逃窜，丢下几十名百姓和牛羊让匈奴俘虏去。

听到前方战报，匈奴单于十分高兴，真的以为李牧怯懦可欺，马上调动大部队侵入赵的边境，准备大肆掳掠。

由于从烽火台报警和情报员报告中熟悉了敌情，所以，李牧早在匈奴来的路上埋伏下了奇兵，当匈奴大部队一到，还没等单于布阵，李牧一声令下，左右两翼生力军早冲杀过去。将士们经过几年的养精蓄锐，个个生龙活虎，勇猛无比。

另外，匈奴兵将一直不把李牧放在眼里，一心想着俘获女子和玉帛等回去享受，猛然受到赵军凶猛的进攻，阵脚很快被打乱，纷纷后退；李牧看到匈奴队列已乱，立即命令军中击鼓，中军主力也冲杀过去。 李牧左右翼出击获胜，单于本来已经惊恐不安，眼看中军又冲杀过来，鼓声、人群喊杀声、战马嘶鸣声滚滚而来，单于吓得顾不得部下，自己掉转马头就跑。 主帅一乱，匈奴兵更是一个个只顾逃命，哪里还有力量抵抗。 李牧指挥部队，一路追杀。匈奴逃兵中途遇到李牧埋伏下的军队拦击，前后夹击，匈奴兵被杀得落花流水。 这一仗，杀死匈奴十几万骑兵，缴获了无数马匹。

李牧大败匈奴之后，又趁势灭了在赵北部的匈奴属国檐槛、东胡、林胡等王国，迫使单于向遥远的北方逃去，完全清除了北方的忧患。 这次战役以后，过了十几年，匈奴兵还不敢来入侵赵的边境。

【心得精要】

"李代桃僵"一计，说的是舍与得之间的矛盾关系，讲求以牺牲小利益换取利益最大化。 精髓就在于，舍给敌人一些小的利益，诱惑敌人上当，从而达到自己的战略目的。 现今时代也是如此，很难有光占便宜不吃亏的好事。 在有些事情上，明知道自己要有点损失，也不要斤斤计较。 要想占得大便宜，自己有时先要吃点小亏。

第十二计　顺手牵羊

【本计旨要】

"顺手牵羊"一词原指在路上乘便牵走人家的羊。通俗地说，就是瞅准对方的空子，顺势"捞一把"的意思。顺手牵羊比喻在实现主要目的的过程中，伺机取利，赢得意外的收获。实施此计的关键在于"顺手"，即来去顺路，取之顺手，赢之顺时，得之顺便。如果在不顺手的情况下强行取利，不仅徒劳无功，而且会影响原有的主要目的的实现。

【计名探源】

"顺手牵羊"出自《礼记·曲礼上》："效马效羊者右牵之，效犬者左牵之。"意思是说：向主人进献马和羊的时候，用右手牵着；向主人进献狗的时候，用左手牵着。用右手牵马牵羊比较方便，用左手牵狗的目的是腾出右手防狗咬。右手系顺手，所以后来便演变出"顺手牵羊"的成语，用来比喻顺便行事或顺手取利而不必另外费时费力的行为。

"顺手牵羊"作为一个谋略范畴被正式引入军事斗争领域，应当就是从《三十六计》开始。但是，相关思想在军事领域里的运用，其实早就开始了。例如，春秋时期（鲁僖公三十三年，前627年），秦国大将孟明视、西乞术、白乙丙三人在率兵偷袭郑国不成的情况下，顺手灭掉滑邑（姬姓国，今河南偃师东南），然后再班师回国，就是一个比较典型的例子。

【原典】

微隙在所必乘①；微利在所必得。少阴②，少阳③。

【精义】

再微小的疏忽，也必须加以利用；再微小的利益，也要努力争取。变对方的小疏忽为我方的小胜利。

【读解】

"顺手牵羊"的核心意思是：敌之微隙必乘，我之微利必得，对敌斗争要善于乘隙取利。

作为军事计谋，"顺手牵羊"的内涵与其作为成语时大异其趣：原来是指那种贪图小利、偷鸡摸狗、损人利己的龌龊的行为，现在则是指善于捕捉时机、不放过敌方任何一点哪怕是非常微小的失误、不丢掉任何一点哪怕是非常微小的利益而克敌制胜的战争指导原则。

敌之隙，即我之机。俗话说：机不可失，时不再来。在战场上，一个优秀的军事指挥员，必须善于观察和捕捉时机。这是因为，时机的出现既具有不确定性，又具有极强的时效性，往往突然到来，稍纵即逝。古人说的"机之不至，不可以先；机之已至，不可以后"（《宋史·余端礼传》），便非常准确地反

---

① 微隙在所必乘：隙，空隙，这里是漏洞、疏忽的意思。
② 少阴：敌方的漏洞。
③ 少阳：我方能够得到的利益。本句的意思是要善于抓住敌方的漏洞，把它变成己方的利益。

映了时机的这种特性。 所以，敌人一旦出现罅隙漏洞，就要立即抓住不放，果断而恰当地采取行动，乘隙捣虚，克敌制胜。即使敌之隙微小，也要紧紧抓住并加以利用。 因为一方面，敌之微隙我完全可以人为地将其扩大；另一方面，致命而关键的微隙常常能导致敌人的全面溃败。 "千里之堤，溃于蚁穴"，指的就是这种情况。

至于"微利在所必得"，就需要谨慎对待了。 因为利不仅有小与大、眼前与长远、局部与整体、枝节与根本的区别，而且还有现象与本质的差异。 有时候，某些小利可能掩盖着大的危害，如果只看表面现象，为这样的利所迷惑，就可能得小利而受大害，甚至掉进敌人设计的陷阱。 例如，《孙子兵法》诡道中"法"中就有"利而诱之"一法，而战争史上通过利诱之法战胜敌人的战例更是不胜枚举。

其实，不仅"利"具有两面性，即使所谓的"隙"也同样具有两面性。 有时，某些"隙"表面上看去对我是一种机会，但实质上是敌人故意露出的诱我上当的破绽。 所以，作为一名军事指挥者，不仅要有善于捕捉时机和善于"逐利"的能力，而且更要有明察秋毫、见微知著的能力，能够清楚地知道哪些才是真正可以利用的"隙"，哪些才是真正可以获取的"利"，而不为假象所迷惑、所蒙蔽。

顺手牵羊是为了充实自己的力量，其方式是和平攫取，比趁火打劫稍微高明一些。 但毕竟和平攫取的机会并不常有，而如果想要创造攫取的机会也不会寄希望于和平。 不管是明贪、暗贪，明动、暗动，其方法各不相同，但其目的却是一致的，即把别人的利益据为己有。 因此，如果把顺手牵羊看作是平微的策略，或者认为那只不过是幸运，那就大错特错了。

【活学活用】

活学活用一：战南郡

赤壁之战后，周瑜想要一鼓作气收复荆州，他先派兵取了彝陵，然后回兵直逼南郡。南郡危急了，曹仁与众将商议办法，曹洪说："丞相留下了锦囊妙计，此时何不看看。"曹仁急忙拆开来看，大喜，依计而行。

周瑜在城外，见曹兵分三路出城，不禁奇怪，上将台观看。只见城墙上旌旗虚设，无人守护，又见曹军腰上都束缚包裹。暗想：一定是曹仁守不住南郡，这是要跑啊。于是下令，全军分左右两翼，前来与曹军交战。曹洪与韩当单挑，三十余合败下，曹仁与周泰斗十余回合也败走。周瑜大军杀出，曹军败走，但并不入城，而是往西南逃走。

周瑜见城门大开，城上无人，下令抢城，曹将陈矫在楼上看到吴兵来抢城，暗暗喝彩："丞相妙策如神。"一声梆子响，两边弓弩齐发，势如骤雨。争先入城的，都进了陷阱，周瑜急忙往回走，却被一箭射中左肋，翻身落马。曹将牛金从城中杀出，来捉周瑜。吴将徐盛、丁奉舍命将周瑜救出。城中曹兵杀出来，曹仁和曹洪又从外边杀回来，这一仗，吴兵大败。周瑜被救回，随行军医将箭头拔出，敷好药，嘱咐周瑜："箭头上有毒，短时间内伤口很难愈合。所以不得动怒。"曹营牛金前来骂阵，从早骂到晚，程普怕周瑜生气，不敢和周瑜说。第二天又来骂。第三天再来骂，点名就要捉周瑜，周瑜心里也有数，可就不见诸将来报。后来曹仁自引大军来擂鼓叫骂。周瑜问："外边为何喧闹？"程普说："搞个军事演习。"周瑜不乐意了，说不要瞒了，想点办法吧。诸将没有好办法，周瑜带病披挂上马。曹仁那边还骂呢，说周瑜肯定是死了，要不怎么不出来。 正骂着，周瑜出来了，说："曹仁匹夫，见周朗否？"曹兵大惊，而曹仁倒还沉着，告诉士兵接着骂，骂狠点。 周瑜让潘璋出战，没等交锋，周瑜大叫一声，昏倒于马下。

原来这回是周瑜的计策，他想装死，然后骗曹军来劫营，周瑜用兵埋伏。 曹仁还真中计了，晚上前来劫营，但见寨中虚插旌旗，知是中计，急忙退军，来不及了，吴兵从四面八方杀来，曹兵大败。 曹仁不敢回南郡了，直奔襄阳大路而走，吴兵赶了一阵而回。

周瑜、程普收军来到南郡城下，见旌旗布满，赵子龙答话说道："都督息怒，我奉我家诸葛军师之将令，已拿下此城多时了。"周瑜攻城，乱箭射下，没办法，让诸将去取襄阳和荆州，然后再回头收拾南郡。 可这时有探子来报，说孔明得到曹操兵符，利用兵符让张飞得了荆州，关羽得了襄阳。

周瑜这次可真是白忙，费了那么多人力物力，眼看南郡到手，却被刘备趁乱取到了手，能不气吗，这时候又大叫一声，昏了过去，不过这次不是装的，是真气昏了。

活学活用二:淝水之战

符坚自平定各国以后，心中也日益滋长了骄傲情绪，经常宽赦叛乱的人，生活上也逐渐奢侈起来。 符坚可谓踌躇满志，唯一的心病是每当想到天下未能统一，觉也睡不着，饭也吃不香，很想即刻起兵讨伐偏安一隅的晋朝。

东晋孝武帝太元七年（382 年）十月，前秦皇帝符坚在长安太极殿会见群臣，商议伐晋。 符坚说："朕继承大业以来已经三十年了，南征北战，四方已大体平定，现在只剩下偏安一隅的东晋王朝。 我粗略估计一下，可以调集九十七万军队，我要亲自率军前去征讨。 各位爱卿，你们认为怎么样？"

符坚说完，满以为举朝公卿会齐声拥护，谁知人群密集的大殿之内，众说纷纭，有赞成的，有反对的。 持反对意见的大大多于赞成的。

等到退朝的时候，群臣们都出去了，符坚唯独留下了弟弟阳平公符融。 符坚对符融说："自古以来干大事，最怕众说纷纭，真正决策的不过一二人。 这伐晋的事，还是我们两个人来决定。"符融说："据微臣之见，如今讨伐晋朝有三难：第一，晋主贤明，朝臣有桓温、谢安尽心辅佐，政治清明，上下团结；第二，我军连年征战，兵疲将倦，有畏敌厌战的情绪；第三，我最担心的，那些被我们俘虏过来的鲜卑、羌族是我们的仇敌，对我们怀有二心。王猛临终时曾忠告陛下切不可伐晋。 我的话陛下听不进，但陛下把王猛比作孔明，难道他的话也不愿意听吗？"符坚沉下脸，很不高兴，对符融说："连你都这样说，我还跟谁讨论天下大事！"

此时向符坚进谏的大臣很多，可是符坚头脑发热，已听不进任何忠告。 他自负地说："比较双方的势力，以我们的力量攻打晋朝，就像秋风扫落叶一样容易。 然而你们一个个却都说不能攻打，这实在让我百思不得其解！"鲜卑人冠军将军慕容垂心怀叵测，迎合符坚的意图，支持他伐晋，符坚十分高兴地说："能跟我平定天下的，只有你了。"于是赐给他丝帛五百匹。

晋孝武帝太元八年（383年）七月，前秦皇帝符坚决定大举入侵东晋，下令："平民百姓每十个成年人当中选一个人充军；凡是年龄在二十岁以下的富家子弟，一律授予羽林郎的官职。"富家子弟应征羽林郎的有三万多骑兵，符坚任命秦州主簿赵盛之担任少年都统。

八月，苻坚派遣阳平公苻融统率张蚝、慕容垂等人的步兵、骑兵二十万人作为前锋，任命兖州刺史姚苌为龙骧将军，率领益州和梁州的军队。苻坚亲自率领六十多万步兵、二十七万骑兵从长安出发，旌旗战鼓遥遥相望，绵延千里。

九月，苻坚的八十多万大军抵达项城，凉州的军队也到达咸阳，蜀地的军队顺着长江东下，幽州、冀州的军队到达彭城，前秦的军队、战舰水陆并进，从四面八方地包抄过来，大有一口吞下晋朝的气势。苻融的前锋部队二十万人，先期抵达颍口。

东晋也任命谢安担任征虏将军，统领诸军，谢玄担任前锋，与辅国将军谢琰等人的士兵共八万人抵抗前秦的百万大军。谢石是谢安的弟弟，谢玄是谢安的侄子，谢琰是谢安的儿子，因此晋军几乎就成了谢家军。

当前秦的百万大军来进攻晋国的消息传至建康时，建康城内人心惶惶，连身经百战的谢玄都惴惴不安，屡次入朝向谢安询问应对的计策。谢安一副平静的样子，胸有成竹地说"我已经有安排了"。接着，谢安便驾车出去游山玩水，拜访亲朋好友，直到晚上才回来。

十月，前秦苻融占据寿阳后，派梁成沿着淮河做好布防遏制晋军，并带领五千人镇守洛涧。东晋谢石、谢玄也在洛涧不远的地方驻扎，但无法前进。

苻融攻打硖石的时候，暗中得知晋朝将领胡彬军粮断绝，于是派人快马加鞭地告诉苻坚。苻坚大喜，把主力军都留在项城，自己却带着八千骑兵兼程赶到寿阳。到寿阳时，苻坚派朱序去劝谢安投降。可是朱序背叛了苻坚，密告晋将谢石说；"前秦百万大军，势不可当，现在应该趁他们的军队还没有到齐的时候，打败他们的前锋，挫败他们的锐气，然后才能攻破他们。"

谢石听从了朱序的意见，派作战勇敢的刘牢之率领他手下的五千精锐的北府兵一举攻破了洛涧梁成的军营。前秦军队大败，四处逃散，死了一万五千人，军用物资全部被缴获一空。谢石率领大部队从水路、陆路相继进发，乘胜追击，追得前秦军败退至淝水。

符坚在寿阳城的城楼上，远远望见晋军旌旗飘扬，雄赳赳地攻进来，不由得心虚害怕，又听见八公山上漫山遍野的野草发出簌簌的声响，以为全是晋朝的伏兵！符坚惊骇地对符融说："晋朝的军队这么多，你怎么还说他们少？"

晋军逼近淝水的时候，符坚连忙部署军队沿着淝水摆下阵势，致使东晋的军队无法渡过。正在一筹莫展的时候，前锋都督谢玄派人告知符融，请秦军向后略退，让晋军渡水决战。符融向符坚请示，符坚大喜，说："好哇！我们就趁他们渡到水中心的时候，发动突然袭击，一定能把他们打得大败。"于是符坚下令秦军向后撤退。由于前秦军队太多，退的时候乱了阵脚。朱序混在乱军中，大声呼喊："前秦军队失败了！前秦军队失败了！"前秦军队后面的士兵不知实情，信以为真，急得撒腿就逃。前面的军队见后面的军队拼命逃跑，也慌了神，跟着狂奔乱逃起来。晋军士气大振，争先恐后抢着过河，奋勇杀敌。符融骑着马在乱军中指挥，企图阻止士兵逃跑，结果战马跌了一跤，摔下来被晋军杀死，前秦军大溃。

符坚也中了一箭，只得一个人骑着马逃逃到黄河以北，谢玄乘胜进军，攻占寿阳、彭城。前秦从此一蹶不振。

淝水之败，符坚难辞其咎。《孙子兵法》曰："兵者，国之大事，死生之地，存亡之道，不可不察也。"符坚刚愎自用，好大喜功，一心只想凭借强大的兵力灭掉东晋，统一全国，却没有充分考虑到前秦和东晋的基本国情。 战争关系到百姓的生死和国家的存亡，在时机不成熟、条件不具备的情况下贸然出战会带来严重的后果——强大的前秦从此走向没落，苻坚本人也在两年后被起兵叛乱的羌族首领姚苌杀死，前秦灭亡，中国北方再度走向分裂。

【心得精要】

运用顺手牵羊之计，关键在于时机的把握，如果拿捏得恰如其分，那么就可以达到"顺水又顺风"的目的。 当然，顺的核心不在于偷偷摸摸地占小便宜，而是"抓住时机，趁势发挥"的大智慧。 在现实生活中，机遇总是光顾有准备的头脑，只有胸中有"羊"的人，才能适时发现"顺手"之机，并能迅速倒出手来进而"牵"之。

第三套　攻战计

第十三计　打草惊蛇

【本计旨要】

兵法早已告诫指挥者，凡进军之路边，如遇险要地势、坑地水洼、芦苇密林等，一定不可大意，稍有不慎，便会被伏兵所歼。"打草惊蛇"作为谋略，是指敌方兵力没有暴露，行踪诡秘，意向不明时，切不可轻敌冒进，应当查清敌方主力配置、运动状况再说。按照军事术语，"打草惊蛇"实际上就是佯攻，目的在于引蛇出洞。

"打草"的目的是为了"惊蛇"，如果不能惊蛇，打草也是枉然。所以"打草"，必须是"巧打"，而绝不能乱打、瞎打。在"打草"之前，就必须对"蛇"的方位、环境和习性有充分的了解和分析，"打草"的方式也必须精心地设计一番。

【计名探源】

打草惊蛇，语出段成式《酉阳杂俎》。宋人郑文宝《南唐近事》也有记载。说的是，南唐乾德、开宝年间，当涂县令王鲁贪赃敛财，搜刮民脂民膏。县衙门的其他官吏，也肆无忌惮地敲诈勒索，老百姓恨透了。一天，县衙门接到一份状子。王鲁在审理这份案卷时，发现是他的"主簿"（相当于现在的秘书）被人们联名控告了。而且揭发的罪行中，多与王鲁有直接关系，如果追究，其罪责难逃。王鲁不免心慌，左思右想，不好处理，于是随手在状纸上写了八个字："汝虽打草，吾已蛇惊。"此后，"打草惊蛇"一词便逐渐流传开了。

【原典】

疑以叩实①，察而后动；复者②，阴之媒也③。

【精义】

怀疑就要查实，仔细观察后再决定行动；反复叩实查究，而后采取相应的行动，查清敌情是发现敌人意图的重要前提。

【读解】

三十六计具有阳直与阴毒双重性，其中有一部分是纯阳直的善计，打草惊蛇便是其中之一。 打草惊蛇作为一条计谋，指的是在敌情不明或敌情可疑时，先进行试探性的佯攻，诱使敌人将真实的意图暴露出来。 在反复侦察、探听虚实之后，再采取相应行动，以防坠入敌人设置的陷阱。 运用此计首先要明确何为"草"，何为"蛇"。 显然，"草"与"蛇"是两种性质不同却相互联系的事物。 "草"暴露于外，"蛇"藏于"草"中。 "草"可迅速地向"蛇"传递信息。 可见，"草"是指敌人的同类，"蛇"是指敌人自身。 所以，"打草"之后必然会"惊蛇"。

打草惊蛇有以下三种含义：

一、打草惊出蛇。 这是一种间接的引诱之法。 蛇隐藏在广袤

---

① 疑以叩实：叩，问，查究。 意为发现了疑点就应当考实查究清楚。

② 复者：反复去做，即反复去叩实而动。

③ 阴之媒也：阴，此指某些隐藏着的、暂时尚不明显或未暴露的事物、情况。

的草丛中，随时可能咬人一口。 因此，在行进中要先打草，使蛇暴露在众目睽睽之下。 这样一来，消灭蛇也就轻而易举了。

二、打草惊走蛇。 这是一种间接的驱敌之法。 用棍子直接打草中的蛇，蛇有可能会攀棍而上；而用棍子先打蛇身边的草，则可能会吓跑草中的蛇。 这是一种有效且无危险的策略。 在不愿与敌方直接作战时，可以使用此法。

三、打草惊醒蛇。 这是一种间接的警告之法。 甲和乙是两个相关的事物，如果甲受到打击惩处，乙就会感到恐惧的话，那么我们便可以用打击甲的办法来警告乙。

打草惊蛇之计，一方面是指对于隐蔽的敌人，我方不能轻举妄动，以免被敌方发现我方的意图而占据主动；另一方面是指用佯攻助攻等方法"打草"，引蛇出洞，使其中我埋伏，随后我方聚而歼之。 兵法早已告诫指挥者，在进军的路旁，如果遇到险要地势，如坑地水洼、芦苇密林、野草沟泽，一定不能麻痹大意，因为如果这时稍有不慎，就会因"打草惊蛇"而遭敌人伏兵的袭击。 但是，战场上的情况复杂多变，有时我方巧设伏兵，故意"打草惊蛇"，让敌军中计的战例也层出不穷。

实际上，打草惊蛇基本上就是信息战。 通过发布信息、释放信息，让对方得到虚假的信息，而这个虚假的信息却极有可能使对方采取错误的行动，从而为我方制造机会。 打草惊蛇之计属于窥探虚实的侦查活动，"草"动"蛇"惊之后，必须根据不同情况及时作出应变的决策，否则只是徒然忙碌。

【活学活用】

活学活用一：曹操许田围猎

曹操迎汉献帝至许都后，谋士程昱劝他说："明公威名日盛，为什么不名正言顺地进位魏王？"曹操说："朝廷虽迁都至此，我占地利。但天子在朝中的亲信尚多，我不占人和。异性称王，他们岂肯轻易答应？宜先除掉异己分子，然后才能行事。"程昱问："诸臣表面皆顺应丞相，其内心深处的想法如何得知？"曹操诡秘地笑道："明日我请天子出郊去田猎。此间我将故意做出些非礼的举动，看诸臣有什么反应。此乃打草惊蛇之谋也。"

　　第二天，曹操备好良马、名鹰、俊犬、弓矢等，先聚众卿到门外，然后入宫去请天子出郊田猎。天子说："目前国运不济，田猎恐怕于治政无益。"曹操说："古代帝王春搜夏苗秋狝冬猎，一年四季都出郊，借此以炫耀武威于天下。如今天下诸侯纷争，正应利用田猎的机会显示朝廷的武威。"天子见曹操极力主张田猎也就只好依从。带上宝雕弓、金鈚箭，跨上逍遥马，排銮驾出城。

　　途中，曹操骑着自己的黄爪飞电马与天子并马而行，不时还超过天子一马头的距离。銮驾来到许田，曹操令十万军兵排开方圆二百余里的围场，并令亲将护卫在天子左右。

　　围猎中，献帝见一只大鹿从棘丛之中跑出，信手连发三箭，却一箭也未射中。转身向曹操说："请卿射之。"曹操接过天子的宝雕弓，搭上金鈚箭，扣满弓弦一箭射去。只见那只大鹿跑了几步，便倒在草丛中。

　　围猎的军兵们见大鹿中箭而亡，纷纷围拢上去收取猎物。当他们发现鹿背上中的是一支金鈚箭，都以为是天子射中的，于是踊跃地欢呼"万岁"。曹操知道是自己一矢中的，也高兴地纵马向前接受呼贺，随手把宝雕弓挂在自己所跨的鞍桥上。

　　与刘备同来田猎的关羽见曹操一路上与天子并行，并不时超越在前，心中早就憋了一肚子气。后来又见他用天子宝雕弓、金鈚箭射猎，心中又增了几分气恼。 最后，又见他无所顾忌地把宝雕弓挂于自己马鞍上，还纵马上前迎受"万岁"之呼贺。 此时他再也看不下去了，提刀纵马便欲去斩杀曹操。

刘备见关羽要莽撞行事，恐伤了天子，急用眼色进行制止。关羽见刘备动气，止之，才忍气吞声未妄动。

曹操在围猎中，早安排了亲将护卫在自己周围。 于是在田猎中才放浪形骸，无拘无束，不顾什么臣君礼仪。 只待有异己分子出来，就地除之。 谁知，在整个田猎过程中，并没发现有什么异举，可暗地里却引起了诸多反对派的躁动，一个暗图曹操的联盟在编织着。

活学活用二：蜀魏争夺汉中之战

218 年，刘备领兵十万围汉中，曹操闻报大惊，起兵四十万亲征。 定军山一役，蜀将黄忠计斩曹操大将夏侯渊。 曹操大怒，亲统大军抵汉水与刘备决战，誓为夏侯渊报仇。 蜀军见曹兵势大，退驻汉水之西，西军隔水相拒。 刘备与孔明至营前观察两岸形势，谋划破敌之策。 孔明见汉水上游有一带土山，可伏兵千余。回营后命赵云领兵五百，都带上鼓角，伏于土山之下，或黄昏，或半夜，只要听到本营中炮响一次，便擂鼓吹角呐喊一通，但不可出战。 孔明自己却隐在高山上观察敌军动静。 第二天，曹兵到阵前挑战，见蜀营既不出兵，也不射箭，叫喊了一阵便回去了。 到了深夜，孔明见曹营灯火已灭，军士们刚刚歇息，便命营中放炮为号，令赵云的五百伏兵鼓角齐鸣，喊声震天。 曹兵惊慌，疑有蜀兵劫寨，赶忙披挂出营迎敌。 可出营一看，并不见有什么蜀兵劫寨，便回营安歇。 待曹兵刚刚歇定，号炮又响，鼓角又鸣，呐喊又起。 一夜数次，弄得曹兵彻夜不得安宁。 一连三夜如此，致使曹操惊魂不定，寝食不安。 有人对曹操说，这是诸葛孔明的疑兵计，建议不要理睬他。 可曹操说，我岂不知是孔明的诡计：但如果多次皆假，却有一次真来劫营，我军不备，岂不要吃大亏。 曹操无奈，只得传令退兵三十里，找空阔之处安营扎寨。

诸葛亮施"打草惊蛇"计逼退了曹兵，便乘势挥军渡过汉水。蜀军渡汉水后，诸葛亮传令背水扎营，故意置蜀军于险境，这又使曹操产生了新的疑惑，不知诸葛亮又将使什么诡计。 因为曹操深知"诸葛一生唯谨慎"，认为他如果不是胜券在握，是绝不会走此险棋的。 诸葛亮正是看中曹操这种心理，偏走此险棋来疑他、惊他。 曹操在惊疑中，为了探听蜀军虚实，下战书与刘备约定来日决战。

战斗刚开始，蜀军便伴败后退，往汉水边逃去。 而且多将军器马匹弃于道路两旁。 曹操见此，急令鸣金收兵。 手下的将领疑惑地问曹操：为何不乘胜追击，反令收兵？曹操说：看到蜀兵背水扎寨，我原本就有怀疑；现在蜀兵刚交战就败走，而且一路丢下许多军器马匹，更说明是孔明的诡计，必须火速退兵，以防上当。然而，正当曹兵开始掉头后撤时，孔明却举起了号旗，指挥蜀兵返身向曹兵冲杀过来，致使曹兵大溃而逃，损失惨重。 这一回是诸葛亮用计设险局、临阵伴败、"打草惊蛇"的计策置曹操于疑惑、惊恐之中，再次巧妙地击溃了曹兵。

【心得精要】

打草惊蛇从其本意上来说是一种审慎的试探之举，并不一定附带着侵略性的动机，但是这并不妨碍施计人完成追蛇打蛇之举。要完美地打草惊蛇，以下条件应该满足：首先要有敏锐的嗅觉，感觉到潜藏的危险。 什么地方有蛇可以慢慢试探，但是一定要有能探出毒蛇存在的嗅觉，知道前路有蛇。 这是施计的前提，通常是经验和本能的范畴，可遇而不可求。 其次，打草惊蛇要注意分寸和节奏，这需要施计人有掌控大局的能力。 一开始要轻轻打，毒蛇受惊则必伤人，所以不可让对手以为你是要他的命。

第十四计　借尸还魂

【本计旨要】

借尸还魂的尸指死人的身体，魂按照旧日迷信的说法，指能离开肉体而存在的精神。人死后，将灵附于他人尸体而复活。现比喻已经没落或死亡的事物借助别的事物，以另一种形式出现。在军事上指善于利用一切可以利用的事物，来实现自己的军事意图。

【计名探源】

"借尸还魂"出自元代岳伯川所写的杂剧《吕洞宾度铁拐李岳》，原文为"（吕洞宾云）岳寿，谁想你浑家将你尸骸烧化了，我如今着你借尸还魂，尸骸是小李屠，魂灵是岳寿，休迷了本来面目"。后来在《东游记》中也有类似记载，只是情节不尽相同罢了。

相传铁拐李原名李玄，有的书中称其姓李，名洪水，隋朝三峡（今重庆市江津区）人。还有的说他是唐玄宗开元、代宗大历之间的人，学道于终南山，后来因遇到太上老君而得道。相传有一次，李玄准备神游山川。临行前，他嘱咐徒弟看护好自己的躯体，随后就施展法术使灵魂出窍，飘飘然游荡于三山五岳之间。李玄的魂魄四处游山玩水，流连忘返，迟迟未归。徒弟们等久了，见师傅的躯体总是僵在那里活不过来，便误以为他已经死去，遂将其火化。待李玄神游归来，发现已经找不到自己的躯体了，其魂魄无所归依。 这时，恰好路旁有一个刚刚饿死的乞丐，李玄只好将自己的魂魄附在了这具乞丐的尸体上。 借尸还魂后的李玄面目全非，蓬头垢面，袒胸露乳，并跛一足。 为了支撑身体行走，李玄向那个乞丐使用过的一根竹竿喷了一口仙水，竹竿立即变为铁杖，借尸还魂后的李玄也因此被称为铁拐李，而原来的名字却反被人们淡忘了。

后来，借尸还魂这一带有迷信色彩的民间传说被人们用来喻指某些已经灭亡的东西借助某种形式得以复活的现象；有时也可以用来喻指某些新的事物或新的力量借助某种旧的事物或旧的形式求得发展的现象。 而用在军事上，则是指利用、支配那些没有作为的势力来达到我方战略目的的策略。

【原典】

有用者，不可借①；不能用者，求借②。借不能用者而用之，匪我求童蒙，童蒙求我③。

【精义】

世间有许多看上去很有用处的东西，往往不容易驾驭并为我所用；而很多看上去没有什么用途的事物，常常还可以加以利用。利用没有作为的事物，不是我求助于愚昧之人，而是愚昧之人有求于我。

---

① 有用者，不可借：本句的意思是，那些很有用的东西，由于大家都想利用他，往往不容易利用，因为竞争者众多。

② 不能用者，求借：本句的意思是，那些看上去似乎是没用的东西，却往往可以借以为自己牟利。

③ 匪我求童蒙，童蒙求我：本句话出自《易经》"蒙"卦，是蒙卦的象辞。"童蒙"的本意是指幼稚无知、需要启蒙教育的幼儿。本句的意思是，不是我求助于愚昧之人，而是愚昧之人有求于我了。

【读解】

借尸还魂作为一条计谋，指的是已经衰落或死亡的事物借另一种形式重新出现。 从引申的意义来说，处于被动或面临失败的局面时，善于利用一切有利条件，扭转局势，争取主动，实现原先的意图，都可视为借尸还魂。

此计在政治、经济、军事、外交等领域用处甚广。 特别在改朝换代的历史时期，总会有人扶植亡国君王的后代，打起前朝的旗帜以号令天下，这种做法是典型的借尸还魂。

本计有以下三层含义：

一、东山再起。 失败之后有两种态度：一种是一蹶不振，自暴自弃，另一种是永不认输，寻找机会，东山再起。 本计就属于后一种。 在失败时能保持清醒的头脑，冷静进行分析，准确地作出判断，不惜一切手段，积极主动地转败为胜。

二、借形借力。 若要东山再起，关键在于会"借"。 自己的力量不足以转败为胜，就要借助一切可利用的力量，以壮大自己的力量，争取一切可利用的机会，以增加取胜的可能；借用一切可用的形式，以实现自己的意图。 只要能还魂，可以不必计较尸体是脏是跛，另外也可假借他人的名义，推行自己的战略计划。

三、无用之用。 借形、借力一般不借有能力、有作为的，因为它们难以驾驭和控制，而应借用那些无能力，无作为的。 因为它既可以很方便地驾驭和控制，又不易引起敌人的注意。 无用之用，即利用那些所谓无用的东西加以利用。 这就是借形、借力的一般原则。

当"借尸还魂"用在军事上的时候，指挥官一定要善于分析战争中各种力量的变化，要善于利用一切可以利用的力量。 有时，即使我方受挫，处于被动局面，但如果善于利用敌方矛盾，调动一切可以利用的力量，也能够转被动为主动，从而改变战争形势，达到取胜的目的。 庞涓就曾运用这一方法扰乱齐国。 当时庞涓刚刚打败秦军回师魏都，就听说郊师被杀的消息，于是他决定用借尸还魂之计扰乱齐国，然后乘机图之。 随后，他找来一个貌似郊师的人，让他假冒郊师到齐国临淄秘见太后。 太后果然把这个人当作郊师，命他纠集余党，东山再起。 假郊师带着余党潜入边城马陵，杀死守将后占领马陵，还扬言奉太后旨意，废除齐宣王，自立为王。 一些不明真相的人纷纷前来投奔郊师。 田忌带兵讨伐，来到城下，果然见到"郊师"，士兵以为是鬼，吓得不敢攻城。 田忌欲杀不战者，但被孙膑阻止了。 庞涓正是用这一招使得孙膑的军队退后了三十里，扰乱了齐国的作战计划。

由以上事例可见，借尸还魂的关键在于有尸可借，而且灵魂仍在。 对于自身能有所作为的人，往往难以驾驭和控制，因而不能借用；而那些自身无所作为的人，往往需要依赖别人求得生存和发展，因此就可以被借用。 对其自身无所作为的人加以控制和利用，这其中的道理与幼稚蒙昧之人需要求助于足智多谋的人一样，也与垂帘听政有异曲同工之妙。

借尸还魂虽然不及其他计策高明，但因为可以利用没有自我控制能力但又有利用价值的人或事，而常常被兵家所用。

【活学活用】

活学活用一：刘邦为义帝发丧

刘邦用韩信之计袭夺了关中之后，于汉王二年（前205年）三月率兵抵达洛阳（今河南洛阳），准备继续征伐项羽，夺取天下。新城（河南伊川西南）三老（秦朝设置的乡级负责人）董公在路上拦住刘邦，对他说："我听说'顺德者昌，逆德者亡'，'师出无名，事故不成'。所以说：'只有指明敌人是盗贼，敌人才能被降服。'项羽大逆不道，流放并杀害了自己的君主，正是天下的盗贼。秉持仁德而不完全依靠勇气，主张正义而不完全依靠武力，天下才容易安定。如今，大王应当下令，让三军将士为义帝披麻戴孝，然后通报诸侯，说明所以发兵东征，完全是为了讨伐无道之人。这样一来，四海之内将没有不仰慕您的美德的。这可是当初夏、商、周三代圣王的做法啊！"

这里，董公所说的义帝，名叫熊心。当初项梁、项羽叔侄起兵反秦时，为增强号召力，拥立他为王，仍号楚怀王（原来的怀王已死），尊为义军共同的领袖。但后来在"先入关者王之"与否的问题上，义帝让项羽大失所望，所以最终被项羽放逐并杀害。

刘邦听完董公的话之后，非常赞赏，情不自禁地说："太好了！如果不是您老人家，我哪里会知道这样的道理呢？"说完，立即布置为义帝举办隆重的丧礼。他带头袒露左臂（古代丧礼风俗），号啕恸哭，三军将士也无不哀痛流涕，如此三天，日日哀悼。

丧礼结束后，刘邦便派遣使者，遍告诸侯，说："当年起事的时候，天下之人共同拥立义帝，向他称臣。后来，项羽不仅将义帝放逐到江南，而且最终残忍地将他杀害，实属大逆不道。如今，我亲自替义帝发丧，三军将士也都披麻戴孝。现在丧礼已毕，我要调发关中所有兵卒，集中三河（指河南、河东、河内一带）地区全部将士，顺长江、汉水而下，追随各位诸侯，讨伐那个杀害义帝的楚国逆臣，为义帝报仇雪恨！"

刘邦为义帝发丧之举，果然在政治上将项羽置于被动地位，也为自己赢得了舆论的支持。 这对于他战胜项羽、控有天下以及最终建立汉王朝，是起了不少作用的。 所以，完全可以将其视为"借尸还魂"的一个高招。

活学活用二：王莽篡权

王莽，字巨君，是元帝皇后王政君的侄子。 王莽在政治斗争中很有权谋。 为臣期间，他抓住一切机会扩大自己的影响。 由于自幼熟读儒家典籍，他有意模仿周公辅佐成王处理政事。 相传周公摄政期间，曾感动得越裳氏千里迢迢来献白雉。 王莽示意塞外的少数民族也自称越裳氏来献白雉。 随后，王莽的党羽就到处宣扬，说这是王莽德政招来的符瑞，与周公摄政招致白雉之瑞有千载同符之效，从而把王莽推上了安汉公的宝座。

为了巩固地位，王莽又把自己的女儿推选为皇后。 按照当时的礼制，后父应有百里封地。 王莽之女刚被立为皇后，就有人请求将新野田地封给王莽，以达百里之数。 在人为的舆论影响下，王莽成了当时的圣人。 于是，王莽的得力干将王舜等人提议把古时伊尹的阿衡和周公的太宰称号合并为宰衡，作为王莽的称号，以表示王莽兼有这两位圣贤的功德。 元始四年（4年），王太后下诏宣封王莽为宰衡，其母赐号为功显君。 二子封为列侯。 王莽的政治地位又进一步上升了。

元帝以来，兴复儒家典章制度成为习尚。 王莽为点缀文治、粉饰升平，于元始四年按照书中记载的古代礼治模式建立起明堂、辟雍、灵台，并网罗天下学者和异能之士齐聚长安讲论儒家经典，制造出一派王道复归、制度隆盛的气象。 那些御用文人因此又大事颂扬王莽的功德，提出用古书中所载"加九锡"的办法，来显示这位当代周公的荣耀。 所谓九锡就是在服饰、车马、仪卫诸方面都采用与帝王相当的标准，以示其地位仅次于帝王、高出诸侯之上。 这一建议得到王太后的批准。 于是王莽的仪仗、气派已经仅次于人主了。

此后，王莽篡位的野心越来越明显，其党羽为了把他最后推上权力的顶峰又开始紧张地忙碌起来。 他们找来一块白色石头，假说是在井里汲水时所得，白石上面写着九个红字："告安汉公王莽为皇帝。"按照他们的说法，这些红字当然是代表天意了。 于是，大臣玉舜马上求见王太后，表示支持王莽居摄践祚。 6 年，王莽成了皇帝，年号居摄。 王莽就这样借古代"礼制"，成功地登上了王位，篡取了汉朝的江山。

【心得精要】

借尸还魂的运用往往要面临一个棘手的问题，那就是用过了尸体之后如何处理。 不要小看这个问题，很多人在这个收发的问题上把握不当，最后功败垂成。 项羽当年拥戴傀儡楚怀王，取得了天下之后就杀了他，最后留给刘邦一个攻击他的借口，落得一个残暴的形象，最后自刎乌江。 曹操做得好一些，他说："如果我有天命，我也只做周公"，没有动汉献帝本人，尽管如此还落了一个大白脸的千古骂名。 看来与其借一个实在的个体，不如借一个抽象的理念，因为抽象的东西永远不会被血淋淋地背叛，只会被偷偷抛弃，这样就不会引人注意、落人话柄了。

第十五计　调虎离山

【本计旨要】

常言道：龙游浅水遭虾戏，虎落平川被犬欺。 说的是叱咤风云的巨龙，出了深潭大渊便无法施展本领，连虾蟹都斗不过；威震山林的百兽之王，离了大山森林，便威风尽失，连犬羊之类也奈何不得。 反过来，虾蟹入龙潭斗龙，犬羊入虎穴擒虎，纵使能进去，也只是白白送死。

军事较量、政治斗争以及社会生活方面，情形也和上述情形相仿。

军事上，敌人势力强大，又占据坚固阵地和天然屏障，因此如龙在潭虎在穴，硬攻是白费精力。 所以，攻打这类坚固城池是下策。 上策是引龙离潭，调虎离山，然后消灭它们。

历史上各种势力集团无时不在营造地盘或势力范围，并且倚仗地盘进行较量与争斗。 而调虎离山，一直是一个集团消灭或兼并另一个集团最常用的手法。 它的应用方式也很多，而目的则是将最关键、最重要或最危险的敌手引出其地盘，使其失去反抗的能力。

【计名探源】

"调虎离山"一语最早可能出自《管子·形势解》。 该篇中有这样一段话："虎豹，兽之猛者也，居深林广泽之中人畏其威而载之。 人主，天下之有势者也，深居则人畏其势。 故虎豹去其幽而近于人，则人得之而易其威。 人主去其门而迫于民，则民轻之而傲其势。 故曰：'虎豹托幽而威可载也。'"意思是说，虎豹是兽类中最凶猛的动物，当它们居住在深山大泽中时，人们就会因惧怕其威风而敬畏它们。 君主是天下最有势力的人，如果君主深居简出，人们便会害怕他的权势。 虎豹若是离开它们居住的深山大泽而走近人类居住的地方，人们就可以捕捉它并使它失去原来的威风。 做君主的若是离开王宫而与普通人混在一起，人们就会轻视他并以傲慢的态度对待他。 所以说，虎豹只有不离开它们居住的深山幽谷，其威风才会使人感到畏怯。 这里虽然尚未使用"调虎离山"一语，但已经包含只有将老虎调离深山，才能将其制服的意思。

后来，在民间语言、文学作品中便逐渐出现了"调虎离山"的说法。 如在明代吴承恩的《西游记》第五十三回中，孙大圣对如意真仙说："才然来，我是个调虎离山计，哄你出来争战，却着我师弟取水去了。"明冯惟敏的《海浮山堂词稿·玉芙蓉》中说："使不了调虎离山计，当不得将军八面威。"这些都是利用有利的天时、地利困扰敌人，用人为的方法诱惑敌人，虽然这种主动进攻的危险性很大，但诱敌来攻却能掌握很大的主动性。

【原典】

待天以困之①，用人以诱之②，往蹇来连。

————————

① 待天以困之： 天， 指自然的各种条件或情况。 此句意为战场上我方等待天然的条件或情况对敌方不利时， 我再去围困他。

② 用人以诱之： 用人为的假象去诱惑他 （指敌人）， 使他向我就范。

【精义】

等待天然的条件或形势对敌方不利时，我方再去围困敌方。用人为的假象去引诱敌方，使其丧失优势、处处碰壁、寸步难行，而我方则出其不意地出击制胜。

【读解】

调虎离山之计的核心意思是：牢牢掌握战场主动权，诱使敌人远离自己的"巢穴"（有利的驻守之处）。

《孙子兵法》说："夫地形者，兵之助也。料敌制胜，计险厄远近，上将之道也。知此而用战者必胜，不知此而用战者必败。"俗话也说：地无兵不险，兵无地不强。所以，战争中交战的各方，或修城池，或挖战壕，或凭险阻，无不千方百计地利用地利，以使敌方"往蹇"。

然而，作为进攻的一方，则要千方百计地诱使对方脱离良好的阵地。因为正如俗话所说，"虎落平阳遭犬欺"，再强大的对手，一旦脱离优越的地理条件，其战斗力也会大大降低，从而被并不强大的敌人击败甚至歼灭。所以，把自己的敌人——"虎"，从其占据的优越阵地——"山"中调出来，然后加以痛击，是战争中军事指挥者所经常使用的计谋，也是"调虎离山"之计的第一层含义。

"调虎离山"之计的第二层含义，其实也是此计的核心含义，即：战争中必须时刻牢牢地掌握主动权，调动敌人而不被敌人所调动。因为只有这样，才有可能成为战争的胜利者，而不是失败者。

调动敌人既是战场制胜的必要条件，同时也是军事指挥上的最高艺术。 在战场上，只要能够将敌人调动起来，就可以弱小变强大、被动变主动、困境变顺境，直至赢得最后的胜利。

【活学活用】

活学活用一：郑庄公计擒太叔

周朝末，郑武公娶申侯之女姜氏为妻，生两子，长子叫寤生，次子名段，寤生是在梦中出世的，姜氏很讨厌他；次子段长得气宇轩昂，很得姜氏宠爱。

姜氏时常在丈夫面前说长子的坏话，赞次子能干，劝他改立段做继承人。 武公却说："长幼有序，不可紊乱，况寤生又无过失，依情依理，说不过去！"即立寤生为世子，只以一个小小的共城（今河南辉县）给次子为食邑。

及至武公去世，世子寤生即位，叫郑庄公，袭父职为周朝卿士。 姜氏见到次子屈居在一个小城，毫无权威，心里十分不悦，便对庄公说：

"你今日继承了父业，段只有几百里土地，同胞的弟弟却困守在一个偏僻的小城里，你于心何忍？"

庄公说："母亲的意思要怎样？"

"那还用说？"姜氏一副教训的口气说，"当然给他一个大城了，把制邑（即河南荥阳市）封给他吧！"

庄公告诉她说："制邑是一个险要地方，父亲遗命是不能封给任何人的。 除了这个地方之外，什么地方都可以！"

"那么把京城（即河南京县）封给他亦可！"姜氏说。

庄公听此一说，默不作声，沉思起来，不表同意，也不反对。

姜氏生气了，袖子一拂，悻悻地说："你再不同意的话，那把老二赶出国去好了，落得干干净净！"

"不敢，不敢！"庄公连声告罪，"孩儿遵命——"

第二天，庄公上殿，宣布封段于京城。大夫祭足上前启奏："不可！天无二日，民无二主。京城是一个险要之区，地广人多，其政治军事价值不下于皇城。何况段是夫人爱子，若以大邑封给他，无形中有了两个国君，一旦他恃宠生骄，后果真不堪设想！"

庄公无可奈何地说："不要说了，这是母命！"遂封段于京城。

段在走马上任前，入宫向母亲辞行。姜氏屏退左右，暗地告诉段："这次封邑是很勉强的，将来一定会变卦，你应及早打算，到京城之后，要聚兵积粮，时刻准备着，一旦有机可乘，我会给你做内应，只有推倒了寤生，才慰我平生之愿。"

段领命出城，趾高气扬地赴任去，即位视事之日，附近的西鄙和北鄙的首脑都来庆贺。太叔段对二人说："你两人管辖的，属于我的封地，此后，所有收税进贡，要到我处交纳，军马要听我指挥，不得违误！"

两人已知道太叔段是国母的爱子，有做国君的希望，又见他气宇轩昂，人才出众，自然不敢违抗，乐于听命。

从此，太叔段积极训练军队，扩充编制，借故侵袭鄢邑及廪延两地，属土一天天地扩大，实力一天天地增强。

情报人员把此事奏报庄公，庄公笑而不答。班中有一位官员高声大叫："可速诛太叔段！"

庄公抬头一看，原来是上卿公子吕，便问："卿家有何高论？"

公子吕说："从来被封子不能过问军事，有拥兵自重的必杀无赦。今太叔段内挟母后之宠，外恃京城之固，日夜谈兵练武，不是想篡位是什么？请授权给我，率兵征讨，以除后患！"

"但段未见有反叛行动呀！"庄公答。

公子吕愤愤地说：“今两鄙被收，廪延被取，这不是叛变行动？国家土地，岂可以被蚕食下去！”

庄公笑起来，说：“段是母后爱子，是我的弟弟，宁可失地，不可伤兄弟之情，拂母后之意！”

公子吕复进一步说：“我不是怕失地，实怕失国。今人心已惶惶惴惴，见太叔段势力日强，都存观望态度，若再容忍下去，怕一发不可收拾。主公今日容得太叔段，将来太叔段未必容得主公！”

“不得乱说！”不等公子吕说完，庄公愤然制止他，说，“我会设法感化他！”立即起身退去。

公子吕出外，对祭足说：“主公念及宫闱私情，忽略了国家大计，我很为此担心。”

祭足告诉他：“主公是一个足智多谋的人，断不会忽略这点，不过在大庭广众里，不便泄露，你是他的亲戚，不妨私自去见见他，一定会有真心话说出来的。”

公子吕听了他的指示，乃入宫去见庄公，庄公问他有什么事，公子吕便说：“我就是为了刚才在朝廷上说过的那件事再来拜请。主公当日继承王位，大家都知道并非国母的意见，她是属意太叔段的。今日太叔段的横行嚣张，必然是一种夺权阴谋，万一内外合谋，发动政变，恐怕——”

庄公说：“此事闹起来，怕碍着国母面子呢。”

“岂不闻周公诛管蔡的事吗？当断不断，反受其乱，到那时，后悔都来不及了！”公子吕说。

庄公忽然长叹一声，说：“唉！这件事我早已想到了。段虽然有夺权阴谋，却没有公开叛变行动，如果我把他镇压了，国母必会从中作梗，又惹外人议论，说我没有兄弟情义，骂我不孝！我现在只是装聋作哑，任他所为，等到他真的有叛变行动时，就可以明正其罪了。"

公子吕才恍然大悟，说："主公远见，非臣所及！ 但恐怕日复一日，促成他势力庞大，便会尾大不掉了。 不如及早设法挑他起来，使他提前暴露，及早镇压便了。"

这话正中庄公下怀，庄公连忙问："计将安出？"

公子吕再详告："主公久已未入过周朝，无非为太叔段的缘故，现在不如乘机说要入朝去见周天子，故意引他起事，带兵前来，我却预先伏兵在京城附近，待他出动，便乘虚而入占领他的根据地，然后主公返师进攻，那时他飞也飞不出去了。"

庄公听说，点头称善："好计，好计！"

公子吕辞出宫门，才暗叹一声："祭足可谓料事如神了！"

次日早朝，庄公假传一道命令，要大夫祭足代理国政，自己往朝见周天子去。

姜氏得此消息，认为机会已至，即秘密使人带信给太叔段，约他在五月初起兵袭郑。

这时是四月下旬，公子吕早已先差人伏于要道，把那个带信的人杀了，将信送给庄公看，庄公说："自作孽的人，必会自食其果的！"便另遣心腹假称姜氏亲信，把信带交京城，并得太叔段回信，说及决定在五月五日起事，并要于城楼竖起一面白旗，以便接应等语。

庄公得书大喜，说："证据在此，看你还有什么话说！"

庄公立即入宫辞别母亲，说要入朝谒见天子，姜氏也敷衍几句好话。

庄公率领仪仗队，浩浩荡荡地朝廪延方向慢慢前进。 这时公子吕已部署好伏兵在京城附近，专等猛虎离山。

太叔段自得了姜氏密报，立即准备，他派儿子公孙滑到卫国去借兵，自己便动员所有属军，托言庄公出国，前往监政。 于是祭旗犒军，得意扬扬地朝皇城进军。

这时，公子吕的便衣队已混进了京城，见太叔段的军队已经出动了，便在城楼放起火，城外伏兵，一见信号，立即杀进去，占领了京城，出榜安民，揭发太叔段的阴谋。

太叔段率军行到路上，就得了京城失陷的消息，心里着慌起来，即命回军，屯扎城外，准备反攻。

可是军心开始动摇了，士兵纷纷交头接耳，议论纷纷，都说太叔段心怀不轨，要篡夺朝政。 原来公子吕已派密探混入了军营，散布消息，顷刻间一传十，十传百，整个军营都哄起来，一夜之间，军队散去大半。 太叔段着了慌，便率领残兵，跑到郡邑去，想再行招兵买马，重整旗鼓。

不料庄公早已占领了郡城，此路已行不得，不得已又跑回自己过去的封地共城去闭门自守。 但庄公和公子吕的追兵逼近了，这区区一个小城，无险可守，怎挡得这两路大军夹攻呢？ 这时他已感到面临绝路，叹道："都是母亲害死我了，有什么面目再见兄长呢？"遂自刎而亡。

庄公搜出了姜氏和太叔段的来往密信，使人带回郑国，叫祭足转交姜氏，并送她去颖地安置。 姜氏看了信件，羞惭无措，自家亦无颜与庄公见面，即刻离宫搬到颖地去了。

活学活用二:孙策智夺庐江郡

东汉末年，军阀并起，各霸一方。 孙坚之子孙策，年仅十七岁，英俊有为，继承父志，势力逐渐强大。 199 年，孙策欲向北推进，准备攻取江北庐江郡。 庐江郡南有长江之险，北有淮水阻隔，易守难攻。 占据庐江的军阀刘勋势力强大，野心勃勃。 孙策知道，如果硬攻，取胜的机会很小。 他和众将商议，定出了一条调虎离山的妙计。 针对军阀刘勋极其贪财的弱点，孙策派人给刘勋送去一份厚礼，并在信中把刘勋大肆吹捧一番。 信中说刘勋功名远播，令人仰慕，并表示要与刘勋交好。 孙策还以弱者的身份向刘勋求救。 他说，上缭经常派兵侵扰我们，我们力弱，不能远征，请求将军发兵降服上缭，我们感激不尽。 刘勋见孙策极力讨好他，万分得意。 上缭一带，十分富庶，刘勋早想夺取，今见孙策软弱无能，免去了后顾之忧，决定发兵上缭。 部将刘晔极力劝阻，刘勋哪里听得进去？ 他已经被孙策的厚礼与甜言迷惑住了。孙策时刻监视刘勋的行动，见刘勋亲自率领几万兵马去攻上缭，城内空虚，心中大喜，说："老虎已被我调出山了，我们赶快去占据它的老窝吧！"于是立即率领人马，水陆并进，袭击庐江，几乎没遇到顽强的抵抗，就十分顺利地控制了庐江。 刘勋猛攻上缭，一直不能取胜。 突然得报，孙策已取庐江，情知中计，后悔已经来不及了，只得灰溜溜地投奔曹操。

【心得精要】

相对于"打虎"来说，自然"调虎"要显得更轻松一些，"打虎"是与强敌的正面交锋，很难有必胜的把握；但是"调虎"就相对要安全一些，即可以有效保存自己的力量，又可以乘机削弱"虎"的力量。

第十六计　欲擒故纵

【本计旨要】

辩证法告诉我们，在一定条件下，矛盾是可以转化、调和的。擒和纵是一对矛盾，在军事上欲擒故纵的策略更是常被用到。 这当中，"擒"是目的，"纵"是手段，正是出于擒获敌人的目的，所以要先放纵敌人。 我们通常不让被围之敌逃跑，试图全歼被围之敌，但是这也意味着要付出更多的时间、金钱，甚至生命的代价，因为敌人被逼得无路可走时，势必拼死反扑，我们即使取胜，也会损失惨重。

【计名探源】

此计的最早表达是在《老子》第三十六章："将欲歙之，必固张之；将欲弱之，必固强之；将欲废之，必固兴之；将欲夺之，必固与之。"老子这句话体现出卓越的辩证思想。 后世对此多有发挥。 《鬼谷子》指出："去之者纵之，纵之者乘之。"《太平天国·文书》说："欲擒先纵，欲急姑缓，待其懈而击之，无不胜者。"欲擒故纵，意思是为了捉住敌人，事先要放纵敌人。 这是一种放长线钓大鱼的计谋。

【原典】

逼则反兵；走则减势①。紧随勿迫，累其气力，消其斗志，散而后擒，兵不血刃②。

【精义】

如果逼迫敌人，敌人就会拼死反击；如果让敌人逃走，其气势就减低了。所以要紧紧地跟随，而不要太过逼迫，劳累敌人的气力，削弱敌人的斗志，等敌人分散、变弱后，再一一擒拿，无需交战即可取胜。

【读解】

使用欲擒故纵之计，必须要有过人的忍耐力和不惜牺牲的决心，表面上要做得干脆利落。 在尖锐复杂的战争环境，要既能手到擒来，又能顺手放走，有时要冒着纵虎归山的危险，有时还要自吞恶果，所以使用此计一定要慎重。 在敌人被打败但尚有一定实力时，不要急于进攻，防止敌人垂死挣扎，拼命反扑，给我方造成无谓的损失，这就是兵法上常说的"穷寇莫追"。 实际上，也不是完全不追，而是看怎样去追。 如果把敌人逼急了，敌人一定会集中全力，备水一战，这时失败的很可能是自己。 因此，追击逃敌只需紧随其后，而不要过于逼迫敌人，要逐渐消耗其体力、瓦解其斗志，待其溃散时再进行捕杀，就可以不失一兵一卒而达到消灭

---

① 逼则反兵，走则减势：走，跑。 逼迫敌人太紧，他可能因此拼死反扑， 若让他逃跑则可减削他的气势。

② 兵不血刃：血刃，血染刀刃。 此句意为兵器上不沾血。

敌人的目的。

诸葛亮七擒七放孟获，目的是使孟获心悦诚服，永无反叛之意，但其前提是局势掌控在自己手中。 纵敌也须有节有度，否则放虎归山，也会埋下隐患。 项羽在鸿门宴上放走刘邦，后来却被刘邦逼死在乌江边；明建文帝放走燕王朱棣，最后却被朱棣夺去了自己的皇位。 这是历史上纵敌不当致使国破家亡的血淋淋的史实，后人不可不察。 因此，纵敌不是无原则地放任不管，而是战略上的必要放松，以防狗急跳墙。 纵敌的最终目的是擒敌。"纵"是手段，"擒"是目的，手段始终为目的服务。 运用此计要铭记以下三点：

一、跑累了再抓。 对于刚刚逃跑的敌人，不要急于追赶，而要让他们继续逃跑。 等到敌人跑得筋疲力尽、毫无反抗能力时，我们再动手去抓，可谓手到擒来。

二、养肥了再杀。 养猪是为了吃肉，所以在杀猪之前，要千方百计地把猪养肥。 舍不得精饲料，养不出肥膘猪。 急于杀猪，则其肉必瘦。 养肥了再杀需要忍耐的功夫。 对于自己的宿敌和潜在之敌宜采取这一策略。

三、吹大了再扎。 捧杀犹如吹气球，等到气球吹得足够大时再扎破它，才会发出震耳的声响。 在爆炸声中，被捧杀的对象则会身败名裂。 历史上的许多"笑面虎"对付地位高、权势大的政敌多用此法。

由以上叙述可以看出，欲擒故纵的关键在于"欲速则不达"，这也是兵家用此计策时常常需要注意和提防的要点。

【活学活用】

活学活用一：郑武公取胡

春秋时，郑武公是一个足智多谋、穷兵黩武的诸侯，他要扩张地盘，便打邻邦胡国（即后之匈奴）的主意，但当时胡国是一个强大的国家，国王又勇猛善战，经常骚扰边疆。用武力固然不容易，想政治渗透也根本不可能，因对当时胡国的内情实在是一无所知，在这样文武无所施其技的时候，唯有采取逐步渗透的战略，不能不忍耐一下，派遣一个亲信到胡国去，打入其最高组织。

郑武公派了一位使者到胡国去，说要攀个亲戚，把自己的女儿嫁给胡国国王。国王听说自然万分欢喜，立即答应。这样，郑武公就做了胡国国王的岳父。

这位新夫人是负有使命的，她到了胡国，下足媚劲，把国王迷到昏头昏脑，日日夜夜，花天酒地，连朝也懒得上了，对国家大事简直置之不理。

郑武公知道了，心里暗自高兴。过了一段时间，他忽然召开了一个公开的秘密会议，出席的全是高级文武官员，商议着要怎样开拓疆土，向哪一方面进攻。

大夫关其思说："从目前形势看，要扩张势力，相当困难，各诸侯国都是守望相助，有攻守同盟的，一旦有事，必会增强他们的团结，一致与本国为敌。唯有一条路比较容易发展，那是向'不与同中国'的胡国进攻，既可以得实利，名义上又可替朝廷征讨外族，巩固周邦。"

郑武公一听，把脸一沉，问他："你难道不知道胡君是我的女婿吗？"

关其思还继续大发议论，口沫横飞地说出一大套非进攻胡国不可的理由，特别强调国家大事，不可牵涉儿女私情的话。

郑武公光火了，厉声斥责他："这话亏你说得出口！ 你要陷我于不仁不义吗？ 你想我女儿守寡吗？ 好吧，你既然有兴趣叫人做寡妇，就让你老婆先尝尝这滋味吧！ 左右！ 绑这家伙去斩了！"

关其思被斩的消息很快已传到了胡国，国王更加感激这位岳父大人。 他知道郑国再不会找本国闹事，便放心了，更加纵情于声色之乐，渐渐地连边关都松弛下来，而且郑国的情报人员也可自由出入。

郑武公已掌握了胡国的内情，认为时机成熟了，突然下令，挥军进攻胡国。 各大臣都莫名其妙，连忙问："大王！ 关大夫过去是因为建议进兵胡国而遭斩首的，为什么隔不多久，又要伐胡呢？岂不是出尔反尔？"

郑武公呵呵大笑起来，向群臣解释："你们根本不知兵不厌诈的妙用，这是我的欲擒先纵的计谋呀！ 我对胡国早就打定了主意，肯牺牲女儿嫁给他，是为要刺探其国防秘密，斩关其思也不外想坚定他的信心，使其放松防备，一到时机成熟，就出其不意，一下子就可以把胡国拿到手。"

"可是，大王！"其中一人说，"这样，你的女儿不是要守寡吗？"

"哈哈哈哈！ 还是关大夫说得对，国家大事，怎可以牵涉儿女私情呢？"

果然郑军所到之处，势如破竹，几个回合，整个胡国已入了郑国版图，那位娇婿只空留一个脑袋去朝见岳父大人了。

活学活用二:张仪被激入秦国

战国时,秦最强盛,屡次侵略别国。

政治家苏秦正要联合齐、楚、燕、赵、韩、魏等六国,组成一条合纵阵线,团结抵御秦国。

正当他说服了燕赵两国,要起程往魏国的时候,忽听说秦国要向赵国用兵了,他很担忧自己的合纵计划被破坏,便想了一个办法,要找一个可靠的适当人物到秦国去,设法掌握大权,这才可以保证合纵政策的成功。但这人物是谁呢?他想了很久,才想到自己的同学张仪。

于是即叫一位心腹名叫毕成的过来,把心事告诉他:"我有一位同学张仪,现在魏国。我给你千金,你可扮成商人,改名为贾舍人,前去访他,见面的时候要如此如此;回到赵国时又这般这般,一切要小心在意!"

舍人领命,星夜赶往魏国去。

这时张仪正受过楚国昭阳相的凌辱,创伤刚好,带了家小搬回魏国,在家赋闲。

贾舍人赶到了魏国,正是张仪想起程到赵国去找苏秦的时候。他们遇上了,相谈起来。张仪知他是从赵国来的,便问:"听说你赵国的新丞相名苏秦,是不是?"

"是呀!先生想是与苏丞相相识的?同学还是朋友?"贾舍人问。

"不独同学,还是结拜兄弟哩!"张仪欣然色喜地忙告诉他。

"真的?那我太冒失了,你原来是丞相的知己。既然有这关系,何不去见见他,谋点事做呢?"贾舍人很恭敬地说,"反正我在这里的生意已干妥了，正想回赵国去，如先生不介意的话，何不一道前往呢？"

这话正中张仪下怀，于是一同启程，几天内就到了。 进了城，贾舍人对张仪说："我家就在这城边，有急事要回去，暂不奉陪了。 这一带旅店很多，先生且找个歇息，我过几天再来拜候你。"说完就走了。

第二天，张仪往相府去见苏秦，但门房却不给他通报，不让进门，又不放他走，一味敷衍着，一连几天都是如此。 至第五天，方给他通报，却又说丞相公务太忙，改日再见。 这样又等了几天，始终没有消息，费用已耗尽了，气得他要回去，但店主又不放他走，说："先生，你就耐心再等几天吧。 既投奔相府，总不怕不召见。 如你这样一走，万一相国来召，叫我怎回报？ 虽等一年半载，我也不放先生走！"

张仪只好住下，心里闷甚，想去找贾舍人谈谈，没有人晓得他住在什么地方。 又过了几天，张仪已忍无可忍了，便往相府投刺辞行，这才得到苏秦的回复，着第二天相见。

张仪回来告诉店主，并向他借了一套像样的衣服，天一亮就出发。

相府的排场十分威仪，关起中门，两边高车驷马，侍卫林立。张仪说明了来意，门房叫他从侧门进去，他想拾级上堂，左右又加阻止，傲慢地说："丞相正在办公事，等一等不成吗？"张仪气得很，站在廊下等候。 斜眼看看来来往往的官属拜谒，像进香一样，络绎不绝，接着又有家人上堂禀事的，这时已是中午时分了，猛然听堂上一声："见客！"

张仪整衣升阶，以为苏秦会降阶迎接的，谁知他却端坐不动，心里着实不快。 勉强作了一揖，苏秦只把右手一摆，脸上没有半点笑容，淡淡地问："余子（张仪别名）别后可好？"这时张仪已气得五窍生烟，不加理会，呆呆地站着。

左右报禀进午餐了，苏秦对张仪说："我公事繁忙，令你久等，且先吃过饭，我有句话要跟你一谈！"

一面叫人在堂下给张仪摆下饭桌，自己则踞坐于堂上，张仪看他面前摆的尽是山珍海味，自己的桌上不过一荤一汤，饭也粗糙得很。

张仪本想不动筷，无奈从清早等到现在，饥渴得很，况且店主人处也欠下了许多饭钱，只望今天见了苏秦，纵不肯照顾，好歹会打发些旅费。想不到竟是这般光景，正是在他屋檐下，不得不低头，出于无奈，只得含羞举箸，遥望苏秦杯盘狼藉把余羹残肴分赏左右，比自己吃的丰盛得多，心里又羞又恼，眼也冒出火来了。

苏秦又传言："请客上堂！"

张仪站起来，见苏秦仍旧高坐不起，他再也忍不住了，抢上前去指着苏秦的面大骂："你可算是个无情无义之人，当初我还以为你不忘故旧，故不远千里跑来和你见面，谁知你竟这般将我侮辱！还说什么爱同学，爱亲友，爱人民，爱国家！"

可是，苏秦却冷笑一声，打着官腔说："像你这样的才能，会弄到这般地步，真是自作之孽！难道我今日没有能力帮助你，使你富贵吗？但你实在太不中用了！"

张仪已怒不可遏了，大声说："你居然把我看得一钱不值？大丈夫自能创业，岂要靠你帮忙！"

"那就最好啦，你既然有能力，又何必跑到这里来？今念同学情分，给你一锭金子，请你自便吧！"

苏秦的油腔说完，叫左右拿金子交给张仪。张仪一时性起，把金子摔在地上，愤然而去，苏秦也不挽留。

张仪回到旅店，忽见自己的铺盖已被搬出门外，便问店主，是什么缘故。店主笑嘻嘻地告诉他："恭喜张先生，你今日能够见到相国大人，一定会得个官儿做，立即走马上任，所以我预先把东西搬出来，免致临事匆匆罢了。"

张仪不说什么，嘴里只说出："可恶！可恶！"一手脱下了衣服，还给店主。

店主愕然，慌慌张张地对张仪说："先生！这是为什么？"

"不干你事，可恶的是苏秦这家伙！"

"咦！这就奇了？先生！难道你认错了人？"

张仪便将自己和苏秦过去的交情，及今日相待的光景详详细细地告诉了他。

店主说："看起来，富贵忘旧，乃人之常情，何况身为相国的，免不了要摆下架子，但送给先生的金子，也是一番美意，你拿回来也可以结算小店的饭钱啦！"

"我摔还给他了！"张仪愤愤地说，且有点悔意。正说话间，贾舍人来了，他一入门就向张仪道歉，说："这几天我实在太忙了，未知先生见过相国没有？"

为这句话，又挑起了张仪的怒气，他把桌子一拍，骂："不要再提这个无情无义的人了！"

吓得贾舍人一跳，说："先生！你的火气未免太大了，究竟为了什么事情呢？"

店主人将相见的一切，代张仪复述一遍，然后才说："今不独欠下小店的饭钱没法还，连回家的旅费也没有着落，也难怪他会发脾气！"

贾舍人皱起眉头，叹口气，说："唉！真是意想不到的事。

当初原是我鼓励张先生来的，今天的事，还是我连累了你，在道义上该负全责。饭钱房租我给好了，再雇车子把先生送回魏国去，不知张先生同意否？"

不料张仪连忙摆手，说："我不回魏国去，我要入秦！"

"莫非先生还有些同学、兄弟在秦国？"贾舍人问。

"不是，"张仪愤然说，"当今七国中唯秦国最强，有力量可以攻打赵国，我如果能得到秦王重用，一定起兵打赵国，报苏秦此番辱我之仇！"

贾舍人跟着说："先生如果往别的地方，我便无法奉陪了。要往秦国，那是巧得很，我正要往秦国去探亲，可以大家一道去，路上有个伴，总不致寂寞！"贾舍人立即算还饭钱，回家取了行李，雇车出城，和张仪一道往秦国去。在路上又给张仪添置衣服，换过了一套新式装备，凡张仪所需的，他毫不吝啬。

到了秦国，贾舍人又拿出很多金钱，交给张仪去做活动费用。不久，张仪得到秦惠文王的赏识，拜他为秦国客卿，相与策划军政大事。

这时，贾舍人要辞张仪回家去。张仪对他说："你我八拜之交，靠了你的帮助才有今日，我正想报答你，怎么就回去呢？"

贾舍人笑着说："还是报答你的好同学吧！"然后将事情的经过一五一十地告诉张仪。

张仪听罢才恍然大悟，原来是苏秦对自己的一片苦心。乃喟然而叹，对贾舍人说："你回去告诉苏相国，说我张仪在世一天，就绝不会去攻打六国，破坏他的合纵计划！"

【心得精要】

本计的要点是："散而后擒"，即等敌人分散了，力量削弱了，再毫不费力的擒拿。

　　人在承受压力过大的时候，不是被压垮，就是以极大的力量进行反抗。　要击败还有一定实力的敌人，就不要把人逼迫到承受压力的极限，否则自己遭受大力反抗，欲速不达。　要徐徐削之，直到敌人可以被一举拿下。　紧紧地跟随，使敌人始终处于紧张状态，在逃命中削减力量，我则信心百倍，谨慎选择时机，把敌人一个个解决掉。　实际上就是让敌人"自累"。

第十七计　抛砖引玉

【本计旨要】

"抛砖"就是利用敌人爱占便宜的弱点，先给一些甜头，引诱其上钩，慢慢麻痹对方，使其付出更大代价——亦即"引玉"。抛砖引玉是一种先予后取的策略，己方付出较少代价却得到较多好处；做出较小牺牲，即赢得较大胜利。 抛砖引玉，有以小引大，得而不失；有以小换大，得比失多；还有以小抵大，敌人损失比我方多。

【计名探源】

"抛砖引玉"这一成语源于北宋释道原编撰的《景德传灯录》卷十《赵州东院从谂禅师》。 书中说，唐代高僧从谂主持赵郡观音院多年，对僧徒参禅要求很严，打坐时必须人人敛心屏息，精神专注，绝对不理会外界干扰，以达到入定的境界。 有一天，众僧晚参，从谂禅师故意说："今夜答话去也，有解问者出来。"这时，徒众理应盘腿正坐，闭目凝心，不动不摇，哪知有个小和尚沉不住气，竟以解问者自居，走出来礼拜。 禅师说："比来抛砖引玉，却引得个墼子。"意思是说：我刚才本想抛砖引玉，不料却引来一块砖坯！

以上是"抛砖引玉"的出处。 但是，许多人认为唐代诗人常建与赵嘏（gǔ）的故事才是这一成语的出处。 故事里说，唐代诗

第十七计 抛砖引玉

【本计旨要】

"抛砖"就是利用敌人爱占便宜的弱点，先给一些甜头，引诱其上钩，慢慢麻痹对方，使其付出更大代价——亦即"引玉"。抛砖引玉是一种先予后取的策略，己方付出较少代价却得到较多好处；做出较小牺牲，即赢得较大胜利。 抛砖引玉，有以小引大，得而不失；有以小换大，得比失多；还有以小抵大，敌人损失比我方多。

【计名探源】

"抛砖引玉"这一成语源于北宋释道原编撰的《景德传灯录》卷十《赵州东院从谂禅师》。 书中说，唐代高僧从谂主持赵郡观音院多年，对僧徒参禅要求很严，打坐时必须人人敛心屏息，精神专注，绝对不理会外界干扰，以达到入定的境界。 有一天，众僧晚参，从谂禅师故意说："今夜答话去也，有解问者出来。"这时，徒众理应盘腿正坐，闭目凝心，不动不摇，哪知有个小和尚沉不住气，竟以解问者自居，走出来礼拜。 禅师说："比来抛砖引玉，却引得个墼子。"意思是说：我刚才本想抛砖引玉，不料却引来一块砖坯！

以上是"抛砖引玉"的出处。 但是，许多人认为唐代诗人常建与赵嘏（gǔ）的故事才是这一成语的出处。 故事里说，唐代诗

第十七计　抛砖引玉

【本计旨要】

"抛砖"就是利用敌人爱占便宜的弱点，先给一些甜头，引诱其上钩，慢慢麻痹对方，使其付出更大代价——亦即"引玉"。抛砖引玉是一种先予后取的策略，己方付出较少代价却得到较多好处；做出较小牺牲，即赢得较大胜利。抛砖引玉，有以小引大，得而不失；有以小换大，得比失多；还有以小抵大，敌人损失比我方多。

【计名探源】

"抛砖引玉"这一成语源于北宋释道原编撰的《景德传灯录》卷十《赵州东院从谂禅师》。书中说，唐代高僧从谂主持赵郡观音院多年，对僧徒参禅要求很严，打坐时必须人人敛心屏息，精神专注，绝对不理会外界干扰，以达到入定的境界。有一天，众僧晚参，从谂禅师故意说："今夜答话去也，有解问者出来。"这时，徒众理应盘腿正坐，闭目凝心，不动不摇，哪知有个小和尚沉不住气，竟以解问者自居，走出来礼拜。禅师说："比来抛砖引玉，却引得个墼子。"意思是说：我刚才本想抛砖引玉，不料却引来一块砖坯！

以上是"抛砖引玉"的出处。但是，许多人认为唐代诗人常建与赵嘏（gǔ）的故事才是这一成语的出处。故事里说，唐代诗人常建，自认为诗写得不如因诗句"残星几点雁横塞，长笛一声人倚楼"而号称"赵倚楼"的赵嘏，所以很想找机会向赵嘏求教。有一次，他在苏州，听说赵嘏也要前来游玩，因而十分高兴，认为这是一个向赵嘏学习的好机会。但是，用什么办法才能向赵嘏求教甚至让他留下诗句呢？他想：赵嘏既然到苏州，很可能会去灵岩寺游览，如果自己先在寺庙里留下半首诗，赵嘏看到后定会补全。于是，他便预先赶到灵岩寺，在寺庙前一个显眼的地方题写了半首五言律诗：

清晨入古寺，初日照高林。

竹径通幽处，禅房花木深。

不久，赵嘏果真来到了灵岩寺，他看见墙上的那半首诗后，觉得诗写得很好，但可惜没写完，就顺手在后面续上了后一半：

山光悦鸟性，潭影空人心。

万籁此俱寂，但余钟磬声。

后来，人们便称常建这一用自己不够好的诗句引出赵嘏的佳句的做法为"抛砖引玉"。

【原典】
类以诱之①，击蒙也②。

【精义】
用与对方所期待的现象相类似的假象来引诱他，使对方被蒙

---

① 类以诱之：出示某种类似的东西并去诱惑他。

② 击蒙也：语出《易经·蒙》如。击，撞击，打击。句意为：诱惑敌人，便可打击这种受我诱惑的愚蒙之人了。

蔽，然后趁机袭击。《易经·蒙卦》说的"击蒙"，就是指要多利用对手的愚蠢与幼稚，打击那些受我方迷惑的愚蒙之人。

【读解】

"抛砖引玉"的核心意思是：以尽可能低的战争成本诱骗敌人，换取尽可能高的军事效益。

从出处看，"抛砖引玉"是个比喻，其本义是以不够好的甚至较差的东西，引出好的东西。如从谂禅师，就是希望以自己的提问，启发众僧开悟深刻的佛学道理，只是他的希望落空了。至于常建与赵嘏的故事，虽然属于讹传，但其实也能说明这个道理。这个成语，多被人们在讲话开始时用来表示自谦，意思是说自己的讲话水平不高，属于"砖"一类的东西，后面别人的讲话才是高水平的，像"玉"一样。

但是，这个成语被引入军事领域之后，意思发生了很大的变化，已经不是表示自谦的客气话了，而变成了一种谋略方式。我们知道：一、任何一种战争，都是为着某种利益而发动，所以其与商业竞争一样，逐利是它的本质特征；二、战争总是要有损失的，它不可能只有胜利而没有失败，只有效益而没有代价，所以如何趋利避害，以尽可能小的损失去赢得尽可能大的胜利，便成为所有战争指导者努力追求的目标。这两点，便是"抛砖引玉"之计能够被屡屡成功地运用于军事领域的根本原因。

军事上的"抛砖引玉"，其实也就是孙子所说的"利而诱之"。既然战争是一种谋利行为，既然战争双方都在千方百计地趋利避害，以"利""诱"之也就是很自然的事了。只是这个"利"，或者说是"砖"，必须选得好，用得好，真正能够骗得了敌人。这就要求战争指导者在战争中必须善于因势利导，善于因地制宜，充分地了解敌人，有针对性。

【活学活用】

活学活用一：楚王轻取绞城

前700年，楚国用"抛砖引玉"的策略，轻取绞城。这一年，楚国发兵攻打绞国（今湖北郧县西北），大军行动迅速。楚军兵临城下，气势旺盛，绞国自知出城迎战，凶多吉少，决定坚守城池。绞城地势险要，易守难攻。楚军多次进攻，均被击退。两军相持一个多月。楚国大夫莫敖屈瑕仔细分析了敌我双方的情况，认为绞城只可智取，不可力克。他向楚王献上一条"以鱼饵钓大鱼"的计谋。他说："攻城不下，不如利而诱之。"楚王向他问诱敌之法。屈瑕建议：趁绞被围月余，城中缺少薪柴之时，派些士兵装扮成樵夫上山打柴运回来，敌军一定会出城劫夺柴草。头几天，让他们先得一些小利，等他们麻痹大意，大批士兵出城劫夺柴草之时，先设伏兵断其后路，然后聚而歼之，乘势夺城。楚王担心绞国不会轻易上当，屈瑕说："大王放心，绞国虽小而轻躁，轻躁则少谋略。有这样香甜的钓饵，不愁它不上钩。"楚王于是依计而行，命一些士兵装扮成樵夫上山打柴。绞侯听探子报告有樵夫进山的情况，忙问这些樵夫有无楚军保护。探子说，他们三三两两进山，并无兵士跟随。绞候马上布置人马，待"樵夫"背着柴火出山之机，突然袭击，果然顺利得手，抓了三十多个"樵夫"，夺得不少柴草。一连几天，果然收获不小。见有利可图，绞国士兵出城劫夺柴草的越来越多。楚王见敌人已经吞下钓饵，便决定迅速逮大鱼。第六天，绞国士兵像前几天一样出城劫掠，"樵夫"们见绞军又来劫掠，吓得没命地逃奔，绞国士兵紧紧追赶，不知不觉被引入楚军的埋伏圈内。只见伏兵四起，杀声震天，绞国士兵哪里抵挡得住，慌忙败退，又遇伏兵断了归路，死伤无数。楚王此时趁机攻城，绞侯自知中计，已无力抵抗，只得请降。

活学活用二：安陵缠一言得宠

春秋晚期，有个叫安陵缠的女子貌似仙女，体态婀娜，因而深得楚共王的宠爱。大臣江乙去见安陵缠，说道："我听说，以钱财事人者，一旦钱财用尽，人们同他的交情就会疏远；以姿色悦人者，一旦人老色衰，她所得到的宠爱就会减退。今天你是一朵鲜花儿，但花总要枯萎，你要怎样才能让大王永远宠爱你而不嫌弃你呢？"

安陵缠连忙施礼说："我年少无知，望先生为我出主意。"

江乙说："人死不能复生，天下事没有比这更令人悲哀的了。如果你愿意为大王日后殉葬，大王一定会永远宠爱你。"

安陵缠点头道："敬听先生之言。"

有一次，楚共王带领安陵缠出外打猎。围猎时施放的野火如天上的云霓，森林中，虎哮狼嚎，声若雷霆。突然，一只发了狂的犀牛向楚共王这边冲来，旁边的弓箭手开弓放箭，一箭就射死了犀牛。楚共王满意地说："此次打猎，甚娱我心。"突然，他的脸色由喜转忧，"人生如白驹过隙，我千秋万岁之后，情形将是怎样呢？"

安陵缠见时机已到，便跪在楚共王面前，眼泪汪汪地说："大王千秋万岁之后，臣妾愿与大王同葬。"

楚共王听闻，深为感动，当即把一块领地赐封给安陵缠。

在这里，安陵缠陪葬的许诺是"砖"，楚共王的宠爱和一块领地则是安陵缠招来的"玉"。所以说，江乙善谋，安陵缠知时。

【心得精要】

"抛砖引玉"之计的本质是"利而诱之"，明白了这一点，我们就可以发现，此计不仅在军事领域被广泛应用，而且在政治、外交等领域同样被广泛运用，甚至在社会生活中也被广泛运用。此计中的"砖"，既可以用来引诱敌人上当，也可以用来贿赂、拉拢和收买盟友。此外，"砖"的内涵外延也变得很宽泛，如大把的金银珠宝以及香车美女等，都可以被当作"砖"来用。因为，不管用什么做"砖"，它的价值肯定而且永远要比后面换来的"玉"小得多，这可以说是一条不二的定理。

第十八计　擒贼擒王

擒贼擒王一计的要点在于"夺魁"。 既然孙子强调过应该"强而避之"，那么对付实力强劲、防守坚固的魁首，为何还要坚持攻强呢？ 原因在于：当我方拥有奇兵，或者实力足以"夺魁"时，一定要先行夺取，这样可以起到事半功倍的作用。 而实力不足以"夺魁"时，则最好首先削其羽翼，去其实力，再图"夺魁"，也不失为一条良策。

【计名探源】

"擒贼擒王"一词原本可能是流行于民间的一句谚语，其文献出处是唐代大诗人杜甫的《前出塞》诗之六：

> 挽弓当挽强，
>
> 用箭当用长。
>
> 射人先射马，
>
> 擒贼先擒王。

杜甫是一位现实主义诗人，他的诗被称为"诗史"。 《前出塞》诗写的是天宝末年哥舒翰征伐吐蕃的事。 原来，吐蕃在经历了几次战败之后，便主动向唐朝示好求和，唐玄宗勉强答应了他们的请求。 开元二十五年(737 年)，唐边将因贪功而矫诏命河西节度使崔希逸进攻吐蕃，于是唐与吐蕃重启战争。 开元二十八年

（740 年），唐金城公主去世，吐蕃派人前来报丧并请求和好，竟遭到了玄宗的拒绝。 次年，吐蕃攻占唐朝的重要边塞石堡城（位于今青海西宁西南附近）。 天宝八年（749 年），玄宗命陇右节度使哥舒翰率军攻石堡城，城虽收复，但却牺牲了数万士兵的性命。《前出塞》就是在这种背景下创作出来的。 诗中，诗人对唐玄宗这种置无数将士生命于不顾的军事和外交政策进行了抨击，表达了反对不义战争的良好愿望。

【原典】

摧其坚，夺其魁，以解其体。龙战于野，其道穷也①。

【精义】

摧毁敌人最强大的主力，消灭敌人的核心和魁首，才能彻底瓦解敌方的战斗力。用这样的计策对付拥有强龙般力量的敌人，一旦使其群龙无首，即使敌人在旷野作战也会陷入溃败的困境。

【读解】

"擒贼擒王"的核心意思是：直接打击敌人首脑、首脑机关或其他要害部位。

俗话说，"鸟无头不飞，人无头不走"。 所以，战争中有机会的时候，应当直接打击敌方首脑或首脑机关，如此将会导致敌方迅速而彻底的失败，收到事半功倍的效果。 《三十六计》将"擒

---

① 龙战于野，其道穷也：语出《易经·坤》卦。 坤，卦名。 本卦是同卦相叠（坤下坤上），为纯阴之卦。 引本卦上六，《象辞》："龙战于野，其道穷也。" 是说即使强龙争斗在田野大地之上，也是走入了困顿的绝境。 比喻战斗中擒贼擒王谋略的威力。

贼擒王"引入军事领域，将其作为一种军事谋略方式，是非常恰当的。

但是，由于首脑和首脑机关的重要性，战争中交战各方往往会非常重视对他们的保护。所以，"擒贼擒王"并不是那么容易实施，它往往需要与其他的计谋配合使用才能奏效。此外，战争中即使出现可以"擒王"的机会，往往也是稍纵即逝，要"擒王"必须具有敏锐、果断的判断能力和神速、有效的行动能力。

"擒贼擒王"大致可以分为两种情况：一是战场上的"擒贼擒王"，二是战场之外的"擒贼擒王"。战场上"擒贼擒王"比较容易理解，它往往通过使用武力达到目的。战场之外的"擒贼擒王"就不同了，它可以使用武力，如暗杀等；也可以使用其他手段，如制造谣言、挑拨离间以及在敌方内部培植代言人等等。这种情况的"擒王"，其实并不一定要真正从肉体上"擒王"，而是一种精神上的"擒王"，它能致使敌方国君或者撤掉甚至杀掉得力的将帅，或者采取有利于敌人而不利于己的政治、外交策略。

【活学活用】

活学活用一：毛遂按剑逼楚盟

秦国在长平之战大胜赵国后，又来进攻赵国的都城邯郸。平原君奉赵王之命出使楚国，拥立楚王为盟主，约定合纵抵御秦国进攻。平原君挑选了二十名文武双全的门客随他一同前往，主动请战的毛遂即在其中。其他十九个人最初都觉得毛遂此举很可笑，后来他们发现毛遂才智过人，都非常佩服。

平原君和楚王商谈合纵事宜，但良久无果。门客们非常着急，就推选毛遂去协助平原君谈判。毛遂按着剑顺台阶走到堂上对平原君说："赵楚联合抗秦的利弊显而易见，三言两语就可说清，这么长时间却毫无结果，究竟为何？"

楚王非常不悦，手指毛遂对平原君说："他是何人？"

平原君说："我的一个门客。"

楚王听后非常生气，厉声喊道："退下！ 我正与你主人谈话，你为何上来？"

毛遂非但没退下反而按着剑对楚王说："因为你们楚国人多势众，所以大王才会不把我放在眼里。 可现在我距你不足十步，能轻而易举地结束你的性命，你们的势力再大也无济于事！"

楚王被毛遂的架势惊得一时不知如何是好，毛遂接着说："楚国作为一个大国本应成为天下的盟主，可在秦国面前就败下阵来。当年，楚国被秦将白起率领的几万秦兵打败，他们不仅攻占了楚都，还破坏了你们的祖坟。 我们赵国人都为你们所受的耻辱感到羞愧，大王您就没有任何触动吗？ 楚赵联合抗秦，真正获益的是楚国而不是赵国，这是显而易见的！ 有什么可呵斥的呢？"毛遂的话鞭辟入里，说得楚王频频点头："对！ 对！ 先生所言极是，我们这就联赵抗秦。"

毛遂又问道："一言为定吗？"

楚王说："一言为定！"

毛遂对楚王的侍从说："去拿鸡、狗、马的血来。"血拿来后，毛遂捧着盛血的铜盘，跪在楚王面前说："大王应先歃血定下合纵抗秦盟约，接着是我主人，然后是我。"

三人依次歃血，当场缔结了楚赵联合抗秦的盟约。 接着，毛遂又端着盛血的铜盘让另外十九个人在堂下歃血，见证了这一盟约。

活学活用二：张巡守淮阳

唐朝安史之乱后，安禄山做了"大燕皇帝"，不久被杀，他的儿子安庆绪掌握了大权，为了扩大地盘，安庆绪派大将尹子奇率领一支十三万人的大军向淮阳进犯，企图夺取淮阳。 淮阳守将许远一看形势危急，立即派人快马加鞭，向当时担任河南节度副使的著名大将张巡送来一封十万火急的军情报告，请求火速支援。 张巡得到报告二话没说，带领三千兵马从宁陵赶赴淮阳救援，与许远的人马汇合后，总共不足七千人，与尹子奇的十三万人相比，显然处于劣势。

但是，张巡大智大勇，毫无惧色，他指挥全军士兵顽强抵抗，在半个多月里张巡率部下擒获叛军将领六十名，杀敌两万余人，尹子奇损兵折将，只得暂时退兵。

不久尹子奇调整部署再次向淮阳发动大规模进攻，张巡进行了周密的战斗动员，宰牛犒赏三军将士，并亲自执掌令旗，率部冲锋陷阵，一鼓作气，再次大败叛军。

虽然连续取得了两次胜利，但形势依然十分严峻。 叛将尹子奇所部十三万人还有近十万，而张巡的七千兵马经过两次作战也消耗不少，叛军卷土重来怎么办？ 这次作战后，张巡开始考虑下一步退敌之计。

张巡召开了军事会议，分析形势，研究下一步作战方案。 他对将领们说："如今，叛军已是两次进攻被我打退，虽然损兵折将，但元气未受大挫，我方守城将士虽然士气高昂，但毕竟相差悬殊，短期内援军恐怕难以到达，就这么消耗下去，总不是办法，各位有何良策，说来听听。"

听主帅这么一说，大家感到了问题的严重性。 有的将领流露出畏惧情绪说："眼下敌军粮草已经不多，若尹子奇与我背水一战，做困兽之斗，发动强攻，我们恐怕难以抵挡，我看赶快再请援兵为好。"有的将领则说："敌军粮草不济，正是我们攻击的好时候，我看不如派兵主动出城迎敌，火烧敌粮草补给地，这样或许可以解除危机。""不行，敌军粮草早有重兵把守，况且，当前之敌已有数万，我们根本杀不出去。"出城迎敌之计很快遭到反对。这时，淮阳守将许远说："这些日子，跟着节度使大人奋力厮杀，连连克敌，将士们群情激昂，倒是没有多想下一步如何，我们听大人的，你说怎么办就怎么办！"

张巡见大家七嘴八舌议论一番也没有什么好计，于是说："叛军固然粮草将尽，但据报又有新的补给，援军刚刚出发，需数月才能到达。叛军眼下如果发动进攻，虽然未必能攻下淮阳，但守城兵马必然又要遭受损失，依我之见，要想个根本的解决办法才好。"

"大家不必冲动，我有个退敌计策，或许可解当前之围。常言说，捉奸要捉双，擒贼先擒王，打蛇打七寸。敌众我寡，硬拼不行，如果能把敌主帅尹子奇除掉，乱其指挥，动其军心，岂不事半功倍？"

众人连称好计。许远说："大人不愧智勇兼备，只是我们都不认识尹子奇，如何擒他？"

"这个好说，我们先叫士兵用蒿草秆削成箭向敌阵射，中箭的叛军一定以为我们已经没有箭可射了，如此重要的军情必然要向尹子奇报告，我们派人紧盯中箭之人，只要他向谁报告，谁就是尹子奇。"

不久，尹子奇又发兵攻打淮阳。张巡依计行事，他叫士兵向冲在前头的一敌校尉射出用蒿草秆做的箭，校尉自然未被射死，拔出箭一看竟是蒿秆所制，大喜过望，急忙向尹子奇报告："恭喜主帅，张巡已经弹尽箭绝，你看，他们现在用蒿草秆做箭了。"尹子奇一看，非常高兴，即刻命令攻击。正得意忘形时，忽然一支利箭直射而来，尹子奇躲闪不及，箭头射入左眼，鲜血直流满面。同时张巡指挥几千精兵杀将过来，尹子奇一看不好，急忙逃走，险些被生擒。叛军一看，主帅受伤，落荒而逃，顿时乱作一团，哄散而去。

张巡在敌我兵力悬殊的情况下，采用擒贼擒王之计，伤其主帅，乱其阵脚，使其前功尽弃，再次打退叛军。

【心得精要】

擒贼擒王是一种拨云雾而见青天的速胜之法，但是想要擒王谈何容易，这根本就是入虎穴得虎子的冒险举动，所以在具备一定的条件下才能实施，否则风险巨大。首先施计人要有一定的打击能力，否则要在重点防守的虎穴中马踏联营，恐怕只会做俘虏。既然是冒险的举动，那么战机也很重要，如果没有适合的战机，比如敌人的内乱、适当的气候、地利条件等，都不适宜伸手擒王。此外最好有高效的谍报系统，掌握对方最高指挥系统的运作规律，不要扑进对方帅帐却发现中了诱敌之计。

第四套　混战计

第十九计 釜底抽薪

【本计旨要】

釜底抽薪，顾名思义，指从锅底下抽出柴草，使水停沸。 比喻从根本上解决问题。 运用到军事上，就是要抓住决定战争胜败的关节点。 面对势力强大的敌人，虽然不能从正面遏制其攻势，却可以抓住一些影响战争全局的关键点，想办法削弱其气势，这样，就可以从根本上瓦解敌人。

【计名探源】

釜底抽薪，语出《吕氏春秋·尽数》："夫以汤止沸，沸愈不止，去其火则止矣。"《淮南子·本经训》："故以汤上沸，沸乃不止，诚知其本，则去火而已矣。"北齐魏收《为侯景叛移梁朝文》："抽薪止沸，剪草除根。"到了明代俞汝楫《礼部志稿》载戚元佐《议处宗潘疏》"谚云：扬汤止沸，不如釜底抽薪"才演变成今天的固定的语言格式。 这个比喻很浅显，道理却说得十分清楚。 水烧开了，再兑开水进去是不能让水温降下来的，根本的办法是把火退掉，水温自然就降下来了。 此计用于军事是指对强敌不可用正面作战取胜，而应该避其锋芒，削减敌人的气势，再乘机取胜的谋略。 釜底抽薪的关键是抓住主要矛盾，很多时候，一些影响战争全局的关键点，恰恰是敌人的弱点。 指挥员要准确判断，抓住时机，攻敌之弱点。 比如粮草辎重，如能乘机夺得，敌军就会不战自乱。 三国时的官渡之战即是一个有名战例。

东汉末年，军阀混战，河北袁绍乘势崛起。 199年，袁绍率领十万大军攻打许昌。 当时，曹操据守官渡（今河南中牟北），兵力只有三万多人，两军隔河对峙。 袁绍仗着人马众多，派兵攻打白马。 曹操表面放弃白马，命令主力开向延津渡口，摆开渡河架势。 袁绍怕后方受敌，迅速率主力西进，阻挡曹军渡河。 谁知曹操虚晃一枪之后，突派精锐回袭白马（今河南旧滑县东），斩杀颜良，初战告捷。

由于两军相持了很长时间，双方粮草供给成了关键。 袁绍从河北调集了一万多车粮草，屯集于乌巢。 曹操探知此消息，便亲率五千精兵成功地偷袭了乌巢，袁军的一万车粮草顿时化为灰烬。此时，曹操发动全线进攻，袁军大败，袁绍带八百亲兵逃回河北，从此一蹶不振。

【原典】

不敌其力①，而消其势②，兑下乾上之象③。

【精义】

不与敌人的精锐力量硬拼，而要先消除他的势力本源。

———————————

① 不敌其力：敌，动词，攻打。 力，最坚强的部位。
② 势：气势。
③ 兑下乾上之象：《易经》六十四卦中，履卦为"兑下乾上"，上卦为乾为天，下卦为兑为泽。 又，兑为阴卦，为柔；乾为阳卦，为刚。 兑在下，从循环关系和规律上说，下必冲上，于是出现"柔克刚"之象。 此计正是运用此象推理衍之喻我取此计可胜强敌。

【读解】

"釜底抽薪"的核心意思是：抓住敌人的要害、关键之处，从根本上对其实施致命打击。

水所以能够沸腾，是因为火的助力；火所以能够燃起，是因为柴薪的存在。反过来说，将"薪"从"釜底""抽"出，"火"自然就会熄灭；而一旦"火"灭，"水"也就必然"止沸"。所以，"釜底抽薪"是一个非常恰当的比喻，它形象地说明了抓住要害和关键之处，从根本上下手解决问题的一种非常重要的行之有效的思维方式。

要达到"釜底抽薪"的目的，就首先必须准确地找到"薪"的位置。这就需要具有居高临下、通览全局的能力，细致、全面地分析敌情，去伪存真，去粗取精，最后做出准确判断，确定用兵打击的方向。

战争中，敌方之"薪"大致包括以下几类：

一是敌之屯粮之所。孙子说"军……无粮食则亡"。俗话也说：兵马未动，粮草先行。尤其冷兵器时代，粮草实系全军根本所在，一旦粮草被劫或被毁，便意味着这支军队战斗力的全面丧失。所以，历代精明的军事家，无不将断敌粮道和毁敌粮草作为克敌制胜的法宝。

二是敌之装备辎重。战争中，装备辎重虽然不如粮草那样须臾不可或离，但其重要性也绝不可忽视。战争史上，许多军队所以最终遭到失败，就是由于某些装备辎重严重缺乏。如汉代李陵最终所以败于匈奴，其中就有箭矢用尽而得不到补充的因素。所以，孙子也说过"军无辎重则亡……无委积（指物资储备）则亡"的话，并指出火攻就包括火烧敌人储备、辎重和仓库。

三是敌之人心士气。军队的战斗力是由多方面的因素构成的，既有物质的方面，如充足的粮草辎重和武器装备等等，也有精神方面的，如人心士气、组织纪律等等，还有物质与精神结合在一起的因素，如严格、长期的训练等等。其中，人心士气应该说是一个十分重要的方面。因为，在任何战争中，人的因素永远都是第一位的：再好的武器装备，也要人去使用；再好的优势，也要人去发挥；再好的作战计划，也要人去制定；再好的战法策略也要人去实施。一支军队，如果人心散了，士气没了，它就只有失败了。

四是敌之指挥机关、首脑所在。战争中，敌之指挥机关和首脑所在，犹如人的头颅和心脏：人的头颅或心脏一旦被利器击中，这个人的性命多半无法保全；同理，战争中军队的指挥机关或国家的首脑一旦被消灭，其后果之严重也可想而知。

【活学活用】

活学活用一：齐国献女,气走孔子

春秋时，鲁国重用孔子，国泰民安，日益殷实。为此刚刚失去贤相晏婴的齐景公感到了威胁，便对大夫黎弥说："自孔子相鲁以来，鲁国日益强大，将来它的霸业一成，我国必首蒙其害，这可如何是好？"

黎弥沉思了一会儿说："想办法逼走孔子，鲁国必然孱弱如初。"

齐景公问："孔夫子在鲁国正受宠走红，怎样才能逼走他？"

黎弥便把自己的计策说了出来："俗话说，'饱暖思淫欲，贫穷起盗心'。今日鲁国一片太平，鲁定公必有好色之念。如若选一群美女送予他，让他夜夜笙歌，一本正经的孔夫子还能诚心辅佐他吗？ 他们君臣还能像过去一样亲密无间吗？ 这样一来，保证气走孔夫子，那大王不是可以安枕无忧了吗？"

齐景公连称妙计，令黎弥挑选八十名美女，教以歌舞，授以媚容，另选一百二十匹宝马，特别修饰，一并送到鲁国，说是给鲁定公享受的。

鲁国的另一位丞相季斯听到这个消息后，即刻换了便服，坐车到南门去看，见齐国美女正在表演舞蹈，娇声遏云，舞态生风，一进一退，光华夺目，不禁目瞪口呆。

等到鲁定公几番宣召他入宫，把齐国国书给他看时，他立刻答道："此乃齐王的好意，不可推辞。"

于是鲁定公便在季斯的带领下去看这群美女，只见美女们摇臂摆身，似临风之芍药；歌声乍起，疑为群莺出谷。 鲁定公乐得神魂飘荡，手舞足蹈。

鲁定公当即回宫，便叫季斯多谢齐王，重赏齐使，把两批厚礼收入宫去。 鲁定公从此沉迷酒色，不理朝政。

孔子见状，十分忧心。 他几次劝谏鲁定公，但毫无效果。 孔子感到自己的抱负无法在鲁国施展，于是又带领弟子周游列国去了，至此齐景公达到了自己的目的。

鲁国繁盛，是因为有个孔子在主持大局；欲削弱鲁国，再没有比赶走一个人更有效的了，恐怕也没有比这更简单的了。 明摆着，齐国用的是釜底抽薪之计。

活学活用二：夺其兵权，逐削其势

运用釜底抽薪之计，既要抓住对手的把柄，又要明察形势、掌握分寸，才能击中要害。

霍光是骠骑将军霍去病的同父异母弟，为人深沉安详，办事仔细谨慎，因而深受汉武帝的信任和器重。武帝临终时，任命他为大司马大将军，让他与车骑将军金日磾、左将军上官桀、御史大夫桑弘羊一起受遗诏辅佐幼主昭帝。昭帝年仅八岁，朝中的大政方针一律由霍光裁决。霍光主持朝政长达二十多年，共历昭帝、昌邑王、宣帝三世，并且擅废立大权，掌生杀之刑，"威震海内"。

不过霍光本人倒能公忠体国，一心事上，所以在朝廷内外享有很高的威望。但是，他的家族却因此而势力大大地膨胀起来，且多为不法之事。还在霍光活着的时候，他的妻子霍显为将自己的女儿纳入宫中，就曾设计害死宣帝落魄时婚娶的妻子许皇后。此事经霍光竭力遮掩，当时总算没有暴露出来。

霍光死后，霍家更加横行无忌。霍显骄奢不法，任意妄为，竟与仆人冯殷勾搭成奸。霍氏子弟霍禹、霍山、霍云等，同样是骄纵淫逸，不守臣道，甚至发展到了欺君罔上的地步。

御史大夫魏相，对霍氏家族的所作所为，早已看不上眼，因而愤然上书，要求宣帝削弱霍家的权势。

其实，宣帝对霍家也未尝不怀疑忌，只是因为念着霍光的功劳，才尽量忍耐，以示包容。在这种情况下，他看了魏相的奏章，当然不会有什么异议。由于霍山以奉车都尉领尚书事，有拆阅官吏百姓奏章的大权，宣帝接受魏相的建议，首先变更旧制，允许吏民的奏章可以直接送达皇帝，且任命魏相为给事中，以分霍山之权。魏相退休之后，宣帝干脆以魏相为丞相；御史大夫一职，则由丙吉担任。宣帝幼年落魄时，丙吉就曾经保护过他，但宣帝并不知道此事，这次升官不过循例超迁。魏、丙二人，各尽忠诚，同心辅佐，宣帝始觉心下稍安。而霍显却暗暗心惊，唯恐魏相挟私报复。

原来，霍光在世时，曾因故将魏相逮捕下狱。霍光死后，霍氏家奴又因与魏相家奴争道而曾经蛮横无理地打入御史府中，百般辱骂。再说，已被毒死的许皇后当年与宣帝微贱时所生的儿子奭已被立为太子，这就更使霍显日夜不安。为此，她悄悄地入宫去见女儿霍后，叫她毒死太子，免得将来为其所制。偏偏宣帝早有防备，霍后竟一时无法下手，因而只好背地咒骂，衔恨不休。宣帝留心观察，见霍后不喜欢太子，心下遂生怀疑，自思许后之死极有可能是霍氏设计下毒所致，于是便与魏相密商，想出了一条釜底抽薪的计策，以逐渐剪除霍家的势力。

当时，度辽将军未央宫卫尉范明友，中郎将羽林监任胜，长乐宫卫尉邓广汉，光禄大夫骑都尉赵平，都是霍光的女婿，手中掌握着兵权。此外，光禄大夫给事中张朔是霍光的姐夫，中郎王汉是霍光的孙女婿，右将军霍禹是霍光的儿子，奉车都尉领尚书事霍山是霍光的从孙。于是，宣帝先徒令明友为光禄太守，任胜为安定太守，张朔为蜀郡太守，王汉为武威太守；又调邓广汉为少府，阳尊霍禹为大司马，收还其右将军印；特地任命原大司马张安世为卫将军，并且将两宫卫尉、城门屯兵及北军八校尉尽归安世节制。最后，又将赵平的骑都尉印绶也一并撤回，只任命他为光禄大夫，却以外戚许、史两家的子弟代为军将。

霍禹因兵权被夺，亲戚徙调，当然郁愤异常，遂托病不参加朝会。太中大夫任宣前去探视，霍禹竟直呼宣帝为县官，信口说道："我没有什么病，只是心中不甘。要不是我家将军（指霍光），县官怎能有今天？现在将军坟土未干，就开始疏远、斥逐我家，我家究竟有什么大过？"任宣劝解一番，见霍禹默然不答，便起身告辞而去。

天下之事，盛极必衰，且势盛时都来奉承，势衰后必有讥谤。霍氏一家无论势盛势衰，始终不知收敛、约束，当然更要招致弹劾。霍禹、霍山、霍云等又无法拦阻，愁得日夜不安，只好转告霍显。霍显怒道："这一定是魏相相暗中唆使，要灭掉我家。"霍禹答道："丞相平生廉洁正直，并没有什么罪过，我家兄弟姻婿，行为不谨，容易遭到毁谤。奇怪的是京都中都说我家毒死许皇后，这究竟是从何说起呢？"霍显见事情到了这种地步，只好将实情说出。霍禹等人一听，不禁大惊失色，一时都没了主意。一家人商量来商量去，竟想一不做二不休，干脆将宣帝废掉。

不想，隔墙有耳，第二天就被人告密。宣帝仍然容忍，并不立即发作。霍家见阴谋泄露，更加惊慌，便加紧策划，让女儿和孙女们报告各自的夫婿，企图先发制人，一同举事。

正在这时，霍云的妻舅李云被捕，事连霍家，有诏令霍山、霍云免官就第。霍家更加失势，只剩霍禹一人还能入朝办事。皇帝和百官对霍禹，当然也不像从前那样尊敬有礼了，宣帝甚至就许多问题对他当面质问，直吓得霍氏一家心惊胆战，备受煎熬。

不过，他们贼心不死，仍想设计诱杀大臣，废掉宣帝，甚至想立霍禹为天子。想不到，没等他们开始动作，阴谋再次被人告发。宣帝至此，当然不能再忍，立即派人四处捉拿霍家的人及其亲戚。霍山、霍云与范明友得知消息，先后服毒自杀。其余或腰斩或砍头，也一律被处死。霍家的近亲疏戚，辗转连坐，被诛灭的竟达千家。

【心得精要】

此计用于军事，是指对强敌不可用正面作战取胜，而应该避其锋芒，削减敌人的气势，再乘机取胜的谋略。

运用此计时，要把握好两点，一是要善于发现敌人"薪"的目标，这是实行"釜底抽薪"的前提。 值得注意的是，战况不同，"抽薪"的目标也是不同的。 一般说，凡是影响敌人后劲的力量，就是"抽薪"的目标。 二是要善于运用"釜底抽薪"的手段和方法，要针对敌人"沸水"的具体情况，去选择和运用"抽薪"的手段和方法。 若能用以柔克刚的办法来解决问题，我们既可战胜敌人，又不受损害，可谓一举两得。

第二十计　混水摸鱼

【本计旨要】

混水摸鱼，原意是在浑浊的水中，鱼晕头转向，人乘机摸鱼，可以得到意外的收获。引申为军事谋略，意在乱中取利。

"混水"是指水的一种状态，即水已经浑浊。它有两种起因，一是外搅，二是内乱。而且，"外搅"的目的最终还是要引起对方的内乱。

更多的时候，这个可乘之机不能只靠等待，而应主动去制造。一方主动去把水搅浑，一切情况开始复杂起来，然后可借机行事。

【计名探源】

此计名出自《三国志·蜀志·先主传》。赤壁大战，曹操损失惨重，败归许昌。此时，刘备屯兵油江欲袭取南郡。周瑜闻之，先发制人，攻打南郡。诸葛亮见状，建议刘备按兵不动。

周瑜攻下彝陵（今湖北宜昌）后，乘胜攻打南郡，却中了曹仁诱敌之计，自己中箭而返。曹仁见周瑜受伤，便每日派人到周瑜营前叫战，而周瑜却坚守营门，不肯出战。

一天，曹仁亲率大军，前来叫战。周瑜带领数百骑兵出营迎战。开战不多时，忽听周瑜大叫一声，口吐鲜血，坠于马下，被众将救回营中。很快，周瑜箭疮大发而死的消息传了出来。其实这是周瑜设下的欺骗敌人的计谋。几天后，周瑜营中奏起哀乐，士兵们都戴了孝。 曹仁闻讯，大喜过望，决定趁周瑜刚死、东吴大军没有准备的时机前去劫营，割下周瑜的首级，到曹操那里去领赏。

当天晚上，曹仁亲率大军去劫营，只留下部将陈矫带领少数士兵护城。 曹仁大军趁着黑夜冲进周瑜大营，只见营中寂静无声，空无一人。 这时，曹仁方知中计，急忙退兵，但是已经来不及了。 只听一声炮响，周瑜率兵从四面八方杀了出来。 曹仁好不容易从包围中冲出，退返南郡，却又遭东吴伏兵阻截，最后只得往北逃去。

周瑜大胜曹仁后，立即率兵直奔南郡。 等周瑜率部赶到南郡，只见南郡城头已旌旗飘扬。 原来赵云奉诸葛亮之命，乘周瑜、曹仁激战正酣之时，轻易地攻取了南郡。 同时，诸葛亮利用搜得的兵符，连夜派人冒充曹仁救援，轻易地诈取了荆州、襄阳。周瑜这一回自知上了诸葛亮的大当，气得昏了过去。

【原典】

乘其阴乱①，利其弱而无主。随，以向晦入宴息②。

【精义】

乘敌人内部混乱、力量柔弱、没有核心主导之机，乱中取利。

---

① 乘其阴乱：阴，内部。 意为乘敌人内部发生混乱。

② 随，以向晦入宴息：语出《易经》随卦。随，卦名。 本卦为异卦相叠（震下兑上）。 本卦上卦为兑为泽；下卦为震为雷。 言雷入泽中，大地寒凝，万物蛰伏，故如象名"随"。随，顺从之意。《随卦》的《象》辞说："泽中有雷，随，君子以向晦入宴息。" 意为人要随应天时去作息，向晚就当入室休息。

随卦说，要因势利导，就像人到晚上要睡觉一样。

【读解】

混水摸鱼对处于相对弱势的一方尤其重要。 在混战之际积攒实力，往往是最好的办法。 此时强者彼此攻占，弱者趁此摸鱼，各得其所。 总而言之，混水摸鱼有以下条件要满足：首先是水要足够浑浊，以至于强者看不到鱼在哪里。 很多时候浑水正是由强者们自己搅浑的，他们彼此攻击，精力无法他顾，就给了弱势一方混水摸鱼的好时机。 其次，要混水摸鱼也要有相当的实力，一流强国做不了，至少也要是第三世界盟主，否则有些鱼肉你也吃不下去。 最后，要抓住强国们彼此攻占的机会强壮自己，机会是稍纵即逝的，一旦水势渐清，强者们就会腾出手来，不会放走任何一条鱼，你也争夺不过，连口鱼汤也喝不到。

本计的要点是"利弱"，即利用敌人力量虚弱，同时敌人没有意识到或不能行动的机会，取得利益，壮大自己。 局势要"混"，局面混乱不定，一定存在着多种互相冲突的力量，而那些弱小的力量这时都会考虑，到底要依靠哪一边。 当他们一时难以确定、敌人又被蒙蔽难以察觉的时候，己方就要趁势行动，顺手得利。 在古代兵书《六韬》中，列举了敌军力量虚弱时的征状：全军多次受惊、兵士军心不稳、发牢骚、说泄气话、传递小道消息、散布谣言、不怕法令、不尊重将领……这时，可以说是水已浑了。就应该乘机捞鱼，取得胜利。

运用此计的关键是指挥员一定要正确分析形势，发挥主观能动性。 由于乱生于内而形于外，因此，设谋乱敌最有效的方法莫过于进入敌人营垒内部，乘机搅浑水，以便从中摸鱼。 但更多的时候，可乘之机不能只靠等待，而应主动去制造。 主动把水搅浑后，一旦情况开始复杂起来，就可以借机行事了。

　　而对付混水摸鱼的最佳办法，是保持机智、沉着、冷静的精神状态，不要让对方牵着你的鼻子走，对自己不熟悉的情况尤其不能掉以轻心，以防止对方钻空子。

　　在两军阵前，在政治舞台上，混水摸鱼可谓较好的办法之一。因为施行此计可以轻易达到目的，代价也较小。混乱的局面不是经常出现的，所以一旦碰上，就要抓住机会。

　　【活学活用】

　　活学活用一：草船借箭

　　建安十三年（208年），曹操率领马步水军八十三万，水陆并进，讨伐东吴。诸葛亮分析天下形势，向刘备建议：往投东吴，使南北相持，我军将可从中得利。刘备接受了诸葛亮的献计，当即派他去东吴进行游说。

　　诸葛亮奉命来到江东，几次用计，多番曲折，先是"舌战群儒"，促使孙权与周瑜下定决心与曹军抗争。然而，在这过程中，由于诸葛亮屡屡表现出非凡的智慧与才能，遭到东吴都督周瑜的嫉恨，周瑜决心设计除掉诸葛亮，为东吴根除后患。

　　有一天，周瑜请诸葛亮商议军事，说："我们就要跟曹军交战。水上交战，用什么兵器最好？"诸葛亮说："用弓箭最好。"周瑜说："对，先生跟我想的一样。现在军中缺箭，想请先生负责赶造十万支。这是公事，希望先生不要推却。"诸葛亮说："都督委托，当然照办。不知道这十万支箭什么时候用？"周瑜问："十天造得好吗？"诸葛亮说："既然就要交战，十天造好，必然误了大事。"周瑜问："先生预计几天可以造好？"诸葛亮说："只要三天。"周瑜说："军情紧急，可不能开玩笑。"诸葛亮说："怎么敢跟都督开玩笑。我愿意立下军令状，三天造不好，甘受惩罚。"周瑜很高兴，叫诸葛亮当面立下军令状，又摆了酒席招待他。诸葛亮说："今天来不及了。从明天起，到第三天，请派五百个军士到江边来搬箭。"诸葛亮喝了几杯酒就走了。

鲁肃对周瑜说："十万支箭，三天怎么造得成呢？诸葛亮说的是假话吧？"周瑜说："是他自己说的，我可没逼他。我得吩咐军匠们，叫他们故意迟延，造箭用的材料，不给他准备齐全。到时候造不成，定他的罪，他就没话可说了。你去探听探听，看他怎么打算，回来报告我。"

鲁肃见了诸葛亮。诸葛亮说："三天之内要造十万支箭，得请你帮帮我的忙。"鲁肃说："都是你自找的，我怎么帮得了你的忙？"诸葛亮说："你借给我二十条船，每条船上要三十名军士。船用青布幔子遮起来，还要一千多个草靶子，排在船的两边。我自有妙用。第三天管保有十万支箭。不过不能让都督知道。他要是知道了，我的计划就完了。"

鲁肃答应了。他不知道诸葛亮借了船有什么用，回来报告周瑜，果然不提借船的事，只说诸葛亮不用竹子、翎毛、胶漆这些材料。周瑜疑惑起来，说："到了第三天，看他怎么办！"

鲁肃私自拨了二十条快船，每条船上配三十名军士，照诸葛亮说的，布置好青布幔子和草靶子，等诸葛亮调度。第一天，不见诸葛亮有什么动静；第二天，仍然不见诸葛亮有什么动静；直到第三天四更时候，诸葛亮秘密地把鲁肃请到船里。鲁肃问他："你叫我来做什么？"诸葛亮说："请你一起去取箭。"鲁肃问："哪里去取？"诸葛亮说："不用问，去了就知道。"诸葛亮吩咐把二十条船用绳索连接起来，朝北岸开去。

这时候大雾漫天，江上连面对面都看不清。天还没亮，船已经靠近曹军的水寨。诸葛亮下令把船尾朝东，一字儿摆开，又叫船上的军士一边擂鼓，一边大声呐喊。鲁肃吃惊地说："如果曹兵出来，怎么办？"诸葛亮笑着说："雾这样大，曹操一定不敢派兵出来。我们只管饮酒取乐，天亮了就回去。"

曹操听到鼓声和呐喊声，就下令说："江上雾很大，敌人忽然来攻，我们看不清虚实，不要轻易出动。只叫弓弩手朝他们射箭，不让他们近前。"他派人去旱寨调来六千名弓弩手，到江边支援水军。一万多名弓弩手一齐朝江中放箭，箭好像下雨一样。诸葛亮又下令把船掉过来，船头朝东，船尾朝西，仍旧擂鼓呐喊，逼近曹军水寨去受箭。

天渐渐亮了，雾还没有散。这时候，船两边的草把子上都插满了箭。诸葛亮吩咐军士们齐声高喊："谢谢曹丞相的箭！"接着叫二十条船驶回南岸。曹操知道上了当，可是这边的船顺风顺水，已经飞一样地驶出二十多里，要追也来不及了。

二十条船靠岸的时候，周瑜派来的五百个军士正好来到江边搬箭。每条船大约有五六千支箭，二十条船总共有十万多支。鲁肃见了周瑜，告诉他借箭的经过。周瑜长叹一声，说："诸葛亮神机妙算，我真比不上他！"

诸葛亮草船借箭之所以成功，并不是因为他有什么格外的"神通"，而是由于他了解曹操的多疑性格，掌握了魏军不擅长水战的弱点，观测了当时的天象和地形，才导演出了这么精彩的一幕。如同他自己在与鲁肃谈体会时所说的：为将者，不通天文，不识地理，不晓阴阳，不看阵图，不明兵势，那他便是一个庸才。

活学活用二：刘备混水摸鱼广占地盘

作为三国鼎立中的一方，蜀汉开国之君刘备，曾在一个很长的时期之内没有自己的立足之地。为此，他不得不先后靠吕布、投曹操、附袁绍、依刘表，东奔西走，凄惶难安。后来，诸葛亮虽然为他规划了夺取荆州和西川的蓝图，但由于一时得不到机会而难以变成现实。这种局面，一直到建安十三年（208年）赤壁之战爆发，才终于发生了改变。赤壁之战期间及战后一段时间内混乱的政治、军事态势，为刘备提供了一个机会，使他得以混水摸鱼，为自己抢到了立足之地。

赤壁之战中，曹操被孙、刘联军打败，退回了北方。但荆州南阳郡（今河南南阳）的全部和南郡、江夏郡（今湖北新洲西）的一部分，仍然控制在他手中：其江夏郡，即旧江夏郡之江北部分，仍沿旧称，由刘表降将文聘驻守（今湖北云梦西南）；其所得之部分南郡地盘，则划为襄阳郡（今湖北襄樊），守将先为乐进，后为曹仁。孙权则控制了江夏郡之江南部分、长沙郡之北半部分以及南郡郡治江陵（今湖北江陵）。

在赤壁之战中，获利最多的是刘备。曹操败退后，刘备一方面派张飞协同周瑜追击曹军，围攻江陵（今湖北江陵），一方面不失时机地攻占了荆州在江南的大部分地区，其中包括长沙（今湖南长沙）、武陵（今湖南常德西）、桂阳（今湖南郴州）、零陵（今湖南永州）四郡。这样，他很快就控制了武陵、桂阳、零陵三郡的全部以及长沙郡的南半部分、南郡的江南部分。荆州为古九州之一。当汉末军阀割据、战争频仍之际，这里属于"四战之地"和"用武之国"，而非良好的建都立国之所。但是，由于地理位置和地理形势上的许多特点，荆州的战略地位仍然十分重要。所以，刘备虽说没能控制整个荆州，但实际上也控制了荆州的大半地区，为自己日后的发展打下了可靠的基础。

为巩固自己来之不易的胜利，这期间，刘备还采取了如下两个措施：一是在征南四郡之前即上表朝廷任刘琦为荆州刺史，二是向孙权"求借"吴属南郡之地。

刘备为什么要表刘琦为荆州刺史呢？因为，荆州原是刘表的地盘，曹操南下时刘表已死，其子刘琼投降，赤壁之战后得到这些地盘，虽然等于是从曹操手里重新夺回，但其原来毕竟属于刘表。所以，表刘表的长子刘琦"为荆州刺史"，可以使略地之举名正言顺，让孙权一方无话可说，也为以后自己总督荆州做点铺垫。果然，刘琦病死不久，刘备即顺理成章地成为荆州的最高军政长官。

"求借"吴属南郡之地，也就是无人不知无人不晓的"借荆州"。经考证，"借荆州"其实只是借孙吴方面在赤壁之战后控制的南郡之地，即江陵及南郡在长江南岸的那部分土地，而并非"借"整个荆州。因为，那时荆州大部已被三方瓜分，不可能"借"到；而长沙、武陵、桂阳、零陵系刘备自己夺得，则无需去"借"。应当说明的是：刘备向孙权"求借"南郡之地，其实不过是一种客气的说法。因为，刘备在抢得江南数郡之后，立即调整部署，以关羽为襄阳太守、荡寇将军，驻江北；以张飞为宜都太守、征虏将军，治夷道（今湖北宜都西北）；以诸葛亮为军师中郎将，总督零、桂、长三郡，调取赋税，以充军实；自己则建大营于油江口（油水如长江处），改名公安，居中指挥。这样，就使江陵处于三面包围之中，并且长江上下的水上交通可随时阻断，从而迫使孙权借也得借，不借也得借。所谓"借"，其实是一种无奈之举。

【心得精要】

混水摸鱼是从生活中总结出来的经验。人们在河里抓鱼的时候，一定是先把水搅浑，这样，鱼就看不清楚哪里有人，也就不知道该往哪里逃跑，最终在慌乱中被人捉到。使用混水摸鱼的计谋，一种方法是耐心等待河水变浑，一种方法是主动出击把水搅浑。

在施展混水摸鱼之计的过程中，一定要保持头脑清醒，并且伺机制造混乱，以获取利益。这一策略在商业中会常常被用到，许多人就是利用鱼在浑水中看不清方向，人在混乱中难辨真伪这一规律而达到自己的目的。

第二十一计　金蝉脱壳

【本计旨要】

金蝉脱壳是危急时刻采用的脱身之计。 施行此计时，形势已万分危急，本身处于极端不利的地位，拼不得、退不得，不能不行险设谋突出重围，以便寻找机会东山再起。 但不论是转移还是撤退，绝不是惊慌失措、消极逃跑，而是保持原来的形式，抽走内容，稳住对方，使自己脱离险境，达到己方的战略目的。

【计名探源】

金蝉脱壳原是一种生物现象，指蝉类昆虫在其生命进程中发生的一种蜕变。 人们在树林中能经常见到秋蝉蜕变，它们的本体脱壳而去，却将蝉衣留在枝头。

金蝉脱壳用于军事，是指通过伪装摆脱敌人，撤退或转移，以实现我方的战略目标的谋略。 至于从何时开始将"金蝉脱壳"一语用来喻指军事计谋，目下尚难确证，但至少在元代时就有了，如元代惠施的《幽闺记·文武同盟》中写道： "曾记得兵书上有个金蝉脱壳之计。"后来在各类文章、作品中使用此语的就更多了，如元代马致远的《马丹阳三度任风子》： "天也，我几时能勾金蝉脱壳，可不道家有老敬老，有小敬小。"明代吴承恩的《西游记》第20 回： "这个叫做'金蝉脱壳'，他将虎皮苫在此，他却走了。"

【原典】

存其形，完其势①；友不疑，敌不动。巽而止蛊②。

【精义】

保持原有的形态，并进一步完善阵势；使友军不起疑心，敌人也不敢轻举妄动。巽卦说，要想隐蔽地转移主力，必须先要迷惑敌人。

【读解】

金蝉是昆虫名，即黄色的知了。蝉变为成虫时，要脱去幼虫的壳。金蝉脱壳比喻只留下表面现象，实际已脱身逃走，使对方不能立即发觉。军事上指用计脱身，暗中转移力量，完成奇袭别处敌军的谋略。

"金蝉脱壳"是指表面保持军势不动之状态，以解除对方之警戒心，然后再暗中移动主要军力的策略。例如当敌方军力强大，我方无力对抗时，若勉强顽抗，损伤将会更严重，因此应以先撤退再行攻击为上策。但如毫无计策地撤退，必会受到敌人的追击而有溃灭之虞。因此应先伪装，使对方以为己方无撤退之意，然后

---

① 存其形，完其势：保存阵地已有的战斗阵容，完备继续战斗的各种态势。

② 巽而止，蛊：语出《易·蛊》。蛊卦为巽下艮上。艮为山、为刚，为阳卦；巽为风、为柔，为阴卦。故"蛊"的卦象是"刚上柔下"，意即高山沉静，风行于山下，事可顺当。又，艮在上，为静；巽为下，为谦逊，故又是"谦虚沉静"、"弘大通泰"是天下大治之象。此计引本卦《彖》辞："巽而止。蛊。"其意是暗中谨慎地实行主力转移，稳住敌人；乘敌不惊疑之际，脱离险境。"蛊"有顺的意思。

在敌方解除戒心之下，暗中组组织撤退行动。此即"金蝉脱壳"的策略。

【活学活用】

活学活用一：刘邦突围

刘邦在荥阳被困多时，虽然刘邦的谋士陈平巧施离间计，大大削弱了项羽的势力，但是荥阳的危险并没有解除，仍被楚军重重包围着。眼看城内的粮草不多了，坚守荥阳已是不可能的了。摆在刘邦面前只有两条路：一是投降，一是突围。投降，刘邦是决不能同意的。他手下的谋臣勇将也坚决反对。可是，突围又谈何容易。

这几天，陈平常常彻夜不眠，反复思考着突围之事。他觉得无论如何得想一个万全之策保汉王顺利突围。这一晚，他又在苦苦思索。想着想着，一招妙计终于形成了。他喜形于色，披衣来到室外。已是子夜时分，天空，星光闪烁。大地，万籁俱寂。在城墙上坚守一天的士兵已经酣睡，只有几个巡逻士兵在无声地来回走动。陈平看看刘邦的卧室此时仍亮着灯，显然他还没有入睡，肯定也在思考突围的事。陈平整了整衣服，快步向刘邦卧室走去……第二天，刘邦派使者出城去见项王，告诉他：荥阳城内的粮食已经完了，汉王决定投降。望能允许准备一天，届时请项羽受降。项羽同意了刘邦的请求。刘邦准备投降的消息迅速在楚军中传开。楚军士兵欢呼雀跃，紧张的情绪顿时松懈下来。

翌日凌晨，只见荥阳东门大开，两千名披甲士兵浩浩荡荡走出城外。项羽远远望去，以为刘邦要率军突围，立刻命令所有楚军四面迎击。谁知等汉军走近，才大吃一惊，披甲士兵竟全是不堪一击的女子。 楚军士兵笑得前俯后仰，都说刘邦已到了穷途末路，竟动员女子上阵充数。 围城的楚军纷纷涌到东门观看。 等两千名女子扭着婀娜腰肢，迈着碎步缓缓走出城门后，一两个时辰已过去了。 队伍后面跟着一辆黄屋车，车上悬着一面"汉"字大旗。 显然刘邦出来投降了，项羽命令整顿好队伍，准备受降。

不一会儿，黄屋车在离项羽不远处停下了。 刘邦垂头丧气地走了下来。 项羽自然很高兴。 楚汉战争打了几年，如今汉王终于要拜倒在我西楚霸王的脚下了。 项羽准备好好奚落刘邦一番。 谁知等来人走近，仔细一看，竟不是刘邦，而是刘邦的大将纪信。项羽顿时觉得事情不妙，冲过去一把抓住纪信，问道："汉王哪里去了?"纪信却不慌不忙地回答： "汉王早已出城了。"项羽知道自己受了骗，气急败坏地指着纪信，对部下吼道： "快把他烧死!"

原来刘邦这一金蝉脱壳之计正是陈平精心安排的。 那天晚上陈平来到刘邦卧室时，纪信也在场，陈平说出计策后，刘邦和纪信都表示赞成。 由于纪信长得和刘邦有点相像，他自告奋勇，愿假扮刘邦，蒙骗项羽。 刘邦派使者去见项羽，表示愿意投降，主要是为了麻痹围城的楚军。 凌晨出动披甲女子两千人。 一则是为了把围城的楚军都吸引到东门观看，二则也是为了拖延时间。 就在两千女子缓缓出城之时，刘邦和陈平已率部下从西门悄悄溜走了。

活学活用二:孙坚换帽脱险境

189 年，东汉并州牧董卓率兵入洛阳，废少帝，立献帝，把持东汉朝政。 关东豪强纷纷起兵反抗，共推四世三公的望族袁绍为盟主，吴郡司马孙坚也举兵参加了讨卓联盟。 他率兵到鲁阳（今河南鲁山）。 与袁绍弟袁术合兵。 袁术推荐孙坚为破虏将军，任豫州刺史。

孙坚屯兵鲁阳城，操练兵马，准备进兵征讨董卓。 他派遣长史公仇称率兵豫州督促军粮。 临行前，孙坚在城东门外设宴欢送公仇称，大家喝得正在高兴的时候，董卓派出的步骑兵几万人赶来迎击，几十名轻骑兵先头来到孙坚营前。 孙坚看见敌人来了，照常饮酒谈笑，同时令部下集合队伍，不准随便行动。 见敌人骑兵越来越多，孙坚才慢慢站起来，领着大家进到城里，这时，他对在场的官员说：“刚才我所以不马上起来，是怕士兵恐慌，一拥而入，那样大家反而进不了城。”董卓的部将见孙坚的军队严整，没敢攻城，就领兵撤走了。

191 年，孙坚率军移驻梁县（今河南临汝西）东。 董卓闻报，急忙派中郎将徐荣进攻孙坚。 徐荣是个有勇有谋的人，他先率领轻骑兵迅速赶到梁县，集合大队人马随后开进。 孙坚侦察到徐荣兵不多，没有认真对付，结果被徐荣打得大败。 孙坚带部下数十骑突破重围，急忙连夜逃跑。 徐荣命令士兵紧追不舍。 情况十分危险。 因为孙坚头上戴着一顶红色的毛织帽子，特别显眼，很容易辨认，所以他跑到哪里，敌兵就追到哪里，孙坚的部将祖茂劝孙坚摘下红帽子，换上自己的盔帽，抄小路逃跑了。 徐荣的追兵只瞄准戴红帽子的人追赶，祖茂为了引开追兵，戴着红帽子拼命向前跑。 看看敌人快要追上，祖茂就跳下马，突然向路旁的乱坟堆奔去，灵机一动，把红帽子戴在一个被火烧断的木桩上，自己悄悄钻到草丛中。 追兵赶到后，看见红帽子，就从四面包围，围了几层，但当他们走近看时，红帽子下面却是一个木桩，追兵大失所望，又气又恼，悻悻而去。

当夜，祖茂逃脱，找到孙坚。 二人连夜集合败逃的士兵，还有一两万人，带到屯阳（今河南临汝西）驻扎，继续与董卓军作战，大破董卓军，斩杀董卓的猛将华雄。

孙坚和祖茂两次使用"金蝉脱壳"计，一再迷惑敌兵，双双脱险，得以重整旗鼓，转败为胜。可见，同一计谋在不同情况下重复使用，只要顺着敌人思维逻辑，起到迷惑作用，就能成功。

【心得精要】

金蝉脱壳的本意是：蝉在蜕变时，本体脱离皮壳而走，只留下蝉蜕还挂在枝头。此计用于军事，是指通过伪装摆脱敌人，撤退或转移，以实现我方的战略目标的谋略。稳住对方，撤退或转移，绝不是惊惶失措，消极的逃跑，而是保留形式，抽走内容，稳住对方，使自己远离险境，达到己方战略目标，己方常常可用巧妙分兵转移的机会出击另一部分敌人。

金蝉脱壳实为三十六计走为上计中的一种走的方式。在形势万分危急，拼又拼不得，退又退不得的情况下，只好使用此计，突出重围，以图东山再起。

第二十二计　关门捉贼

【本计旨要】

狡猾的盗贼进屋偷东西，要关上门使其无路可逃，才能人赃俱获。 关门捉贼在军事上指对那些行动诡诈、出没无常的小股敌人，采取包围歼灭的计谋。

此计中的"贼"一般指为数不多而机动灵便的小股敌人。 若一味猛追，它就会杳无踪影，或者狗急跳墙。 如果诱"贼"深入，把它关在"门"里，使它成为网中之鱼，瓮中之鳖，我方就能旗开得胜。

【计名探源】

"关门捉贼"语源不详，《三十六计》可能是它较早的出处。不过，有关"关门捉贼"的谋略思想，出现亦很早。 《孙子兵法·谋攻》说："故用兵之法，十则围之，五则攻之，倍则分之，敌则能战之，少则能逃之，不若则能避之。"这其中，"十则围之"与"关门捉贼"实有相通之处。

战争史上，运用"关门捉贼"策略克敌制胜的军事实践，出现同样很早。 最著名的一次，就是战国时期著名的秦、赵长平之战。

据《史记·白起列传》记载，秦昭王四十七年（前260年）四月，秦军攻打赵国。 赵国名将廉颇自知赵军战斗力远不如秦军，就筑垒死守。 秦军久攻不下，便派人前往邯郸（今河北邯郸）散布谣言，离间赵王与廉颇的关系。 赵王本来就对廉颇始终坚守不出大为恼火，所以一经离间，就信以为真，马上改派赵括去代替廉颇。 秦王听说后心中大喜，立即改命武安君白起为上将军，并且命令军中说，有敢泄露武安君为上将的，杀无赦。

赵括一到军中，就下令主动攻击秦军。 白起则命令秦军正面佯败后撤，同时两翼各派出一支部队，对赵军实施包抄。 赵军不顾死活，一直追到秦军营垒之下，秦军凭借坚固的营垒，顽强防守，不肯再退，使得赵军无法攻破。 这时，秦军的两支奇兵也已经迂回到赵军的后面，另有五千骑兵从中间将赵军一分为二。 赵军完全陷入包围之中，粮道也被断绝。 秦军派出精锐骑兵对赵军发动攻击，赵军迎战失利，只好筑垒坚守，等待援兵。 秦王听说赵军粮道断绝，立命国内十五岁以上的男子，一律调往长平增援白起。

到九月，赵军已经断粮四十六天，军中甚至到了相互残杀而食的地步。 赵括无法，在数次突围不成的情况下，只好将精锐士卒悉数派出，自己也亲自出马搏战。 不想，他刚一上阵，就被秦军射死在壁垒之下。 赵括一死，赵军很快土崩瓦解，四十万人全部投降，而白起竟然将他们全部坑杀，只留下二百四十个年幼的，让他们回去报信。

【原典】

小敌困之①。剥②，不利有攸往③。

———————

① 小敌困之：对弱小或者数量较少的敌人，要设法去困围他。

② 剥：本句出自《易经》"剥"卦。意为大地在吞没山，"剥"字的意思就是落。

③ 不利有攸往：不宜出行。

【精义】

对付弱小或者数量较少的敌人，要设法去困围他，将其消灭。剥卦说，不利于去急追或者远袭。

【读解】

关门捉贼是实现歼灭战的重要手段，其目的是全部或大部杀伤敌人，彻底剥夺敌人的战斗力。 在实施过程中，事先布下一个口袋阵，等敌人进入口袋后，堵其退路，扎紧口袋嘴，是常用的一种方法。 紧紧包围住敌人的驻地，不准其逃跑，聚而歼之，也是一种方法。 但不管哪一种，都要注意两个方面的问题。 一是"关门"的地点既有利于全歼敌人，又有利于我集中优势兵力。 二是"关门"之后，部署兵力准备歼敌。

众所周知，军队战斗力的大小，不一定取决于兵士人数的多少，而取决于兵士力量的发挥程度。 小股的军队，如游击队之类，如果能够得到山野天然屏障的掩护，就可以做到声东击西、神出鬼没、且战且隐，最终可击败十倍、百倍于自己的敌人。 这正是"一人投命，足惧千夫"。 关门捉贼计的核心就是不与这种山野游兵交战，不去追击这种散兵游勇。 对待小股的敌人，一定要围困他们，歼灭他们。 如果不能围歼他们，便不予理睬，任其逃往山野，任其自生自灭，以免劳神费力。 大部队如果受到围困，断了粮草给养及后援部队的支持，便无法发挥其战斗力，也就成了"小敌"。 因此，关门捉贼之计也是歼灭大部队的好办法。

总的来讲，本计的要点是在于"困"，即围困。 孙子说："用兵的方法是，十倍于敌就包围它，五倍于敌就攻击它，两倍于敌就分散它……"集中使用兵力是军事常识，目的在于对敌形成数量优势。 关门捉贼，首先得布置好围困圈，敞开门让敌军进来。如果敌军徘徊不前，则设法用诱饵引诱他们进来，再关门痛击。实力弱小的"贼"之所以敢来骚扰，依仗的是它的隐秘性和机动性。 如果我方发现并切断它的退路，它所依仗的优势就会荡然无存，在主力部队强大的实力面前只有死路一条。 但是切记"饵兵勿食"：当敌军的目的在于引诱我方出动，使我方力量分散时，最好还是按兵不动，放弃追击就可以了。

【活学活用】

活学活用一：孔明火烧木栅案

在三国时代有个足智多谋的堵葛亮，他六出祁山，与司马懿对阵于渭水之上，经过几次交锋，互有胜负，战争处在胶着状态。

司马懿的一贯战略思想是守，他深知蜀军劳师远征，补给线太长，利在速战速决，所以便深沟高垒，以劳敌师。

诸葛亮经过几次后勤不继的教训，这次便有所防备。 他创制木牛流马，克服运输不便之苦，又施行屯田政策，令军士就地种粮作为久住之计。

司马懿得报大惊曰："我所以坚守不出，就因彼粮不继，欲待其自毙，今用此法，显示为长久之计，不想退走了。"乃派兵拾得几部木牛流马来研究，亦仿制一批作为军运。 因未洞悉此木牛流马之奥妙及使用方法，连吃了几次亏，反被劫去不少粮草，于是干脆就挂起免战牌，任蜀军如何辱骂挑战，闭门不出。

诸葛亮见司马懿不肯出战，乃定计于葫芦谷顶搭草房，埋伏地雷及引火之物。 复化整为零，令军士四散屯田，引诱魏兵。 司马懿连续捕获一批蜀兵，得知诸葛亮不驻在祁山而在葫芦谷下寨安住。 司马懿见有机可乘，便发兵去劫营。

其实诸葛亮是驻在祁山的，远见魏军行动，料定其必来攻祁山，司马懿本人则亲攻葫芦谷，便教魏延如此如此。

果然，魏军攻祁山是声东击西，司马懿和二子司马师、司马昭并中军护卫人马，去杀奔葫芦谷来。碰上魏延，杀一阵，魏延拨马便走，懿从后追上，如此且战且走，直把司马懿引入葫芦谷，他使人探知谷并无伏兵，山上尽是粮房，懿不疑。遂大驱军士尽入谷中。

可是魏延不见，粮房上布满了干柴，心知中计，欲下令退兵，但说时迟那时快，忽地一声喊叫，山上一齐丢下火把，烧断谷口，引起地雷齐响，草房着火，黑烟冲天。司马懿惊得手足无措，下马抱住二子大哭曰："我父子三人皆死于此地了。"

正在等死的时候，忽然下起一场滂沱大雨，狂风大作，谷中之火尽灭，司马懿以手拍额说："此天公未亡我，不乘机逃出，更等何时？"乃引军冲出葫芦谷，得庆生还。

历经这一场灾难，司马懿怎么也不敢出兵迎战了。

诸葛亮此次"请君入瓮"，做得相当高明，只可惜"谋事在人，成事在天"，瓮子穿了底，导致被对手乘隙逃脱。

活学活用二：三河保卫战

天京事变之后，太平天国元气大伤，一时处于低潮。清军趁此千载难逢之机发动反攻。1858年，曾国藩湘军主力李续宾部在攻占九江之后，又乘胜攻下太湖、桐城、舒城等地，其前锋直抵三河镇。三河镇是通往当时安徽省会庐州的咽喉所在，一旦失守，庐州将难以保全。因此，太平天国若想在安徽立足，就要死保三河镇。

太平天国青年将领陈玉成接到三河镇告急的文书，便率本部人马星夜赶往三河。在紧张的行军途中，他酝酿出一个关门捉贼的作战计划。 陈玉成率军首先包抄清军的后路，同时又命令庐州守将吴如孝会合捻军南下，切断李续宾部与舒城清军的联系。 此时李秀成奉洪秀全之命率兵前来作为后援。 太平军这番部署调动，形成了对湘军的包围态势，使李续宾部成为瓮中之鳖。

湘军来到三河镇后接连攻占了太平军凭河而筑的九座砖垒，气焰十分嚣张。 11月14日，陈玉成、李秀成开始夹攻李续宾的大营，双方展开激战。 次日李续宾组织反击，一度冲破陈玉成的营垒。 不料，当时大雾漫起，咫尺难辨，李续宾部如同隐入迷魂阵之中，不多时便被太平军全歼。 陈、李合兵一处，全力攻打湘军阵门，三河守将吴定规也率军从城内杀出，把湘军团团包围。 整个战线绵延二三十里，硝烟弥漫，杀声震天。 湘军连失七座大营，被杀得溃不成军，终于败北。

在这场战斗中，太平军歼灭湘军六千余人，击毙了包括曾国藩之弟曾国华在内的文武官员四百人。 李续宾走投无路，自缢而亡。 曾国藩接到噩耗后，大受震惊，沮丧地说："三河之败，歼我湘人殆近六千，不特大局顿坏，而吾邑士气亦为之不扬。" 相反，三河大捷使走下坡路的太平军重振军威。 接着，陈玉成、李秀成乘胜追击残敌，再克舒城、桐城、太湖，解除安庆之围，扭转了太平军在皖北的被动局面。

【心得精要】

关门捉贼有一种天然的机警在里面。 实施关门捉贼需具备以下条件：首先是自己一方的实力占据优势，具有将小股敌人分割包围的条件，而且能够将其消化。 否则就只能是吃夹生饭，会导致消化不良。 同时要求施计人要量力而行，不能贪多贪大。 如果吃不掉敌人就要勇于放手，贪多嚼不烂，也会影响到自己。

第二十三计　远交近攻

【本计旨要】

"远交近攻"的计策属于制造和利用矛盾，分化瓦解敌方联盟，实行各个击破的谋略，它的诀窍是：在受到地理形势限制的情况下，攻取邻近敌人就有利，攻取远处的对手就有害。火焰上窜，池水下淌，同是应敌，对策不一。

实行"远交近攻"的策略有助于集中力量应付眼前的敌人，并且将其置于孤立无援的境地。

在此计中，远交并非要长久和好。远敌亦是敌人，早晚都是心腹之患。所以说，远交只是避免为了树敌过多而采取的一种暂时性的外交权术。近敌一旦被征服，远交的使命便告完成。

【计名探源】

"远交近攻"语出《史记·范雎列传》。据记载，范雎（jū）入秦后对秦昭王说："攻齐所以大破者，以其伐楚而肥韩、魏也。此所谓借贼兵而赍盗粮者也。王不如远交而近攻，得寸则王之寸也，得尺亦王之尺也。今释此而远攻，不亦缪（谬）乎！"《战国策》对此有大致相同的记载。意思是说：当初齐国所以被打得大败，是因为它攻打楚国却肥了韩、魏两国。这就是所谓的借给窃贼武器而送给强盗粮食。所以，大王不如"远交而近攻"，这样得一寸土地是您的一寸土地，得一尺土地是您的一尺土地。　现在您却要舍近攻远，不也太错误了吗？

其实，根据现有文献记载，"远交近攻"的提出，较之范雎还要早三百多年。　据《左传》记载，鲁僖公三十年（前630年）九月，由于郑国无礼于晋国，并且倒向楚国，晋文公就联合秦穆公发兵围攻郑国。　当时，这三个诸侯国所处位置是秦居西，郑居东，晋居中，而以郑国最弱。　郑文公无法，便派大夫烛之武前往秦军大营，企图说服秦穆公退兵。　烛之武对秦穆公说："秦、晋围郑，郑既知亡矣。　若亡郑而有益于君，敢以烦执事。　越国以鄙远，君知其难也，焉用亡郑以陪（益）邻。　邻之厚，君之薄也。　若舍郑以为东道主，行李（使者）之往来，共（供）其乏困，君亦无所害。"烛之武还进一步说：历史的经验证明，晋国与秦国打交道，一向贪得无厌。　如今它在东面得到郑国的土地后，必然会再向西扩张。　到那时，它不攫取秦国的利益，还会到哪里攫取利益呢？　秦穆公听罢，认为很有道理，便不仅不再攻打郑国，而且还与郑国结盟，甚至留下人帮助郑国戍守。　晋文公得知这一消息后，只好撤兵回国。　就这样，郑国靠烛之武的一番说辞，终于转危为安；而烛之武所说的道理，就是秦国与其"越国"（越过别国）攻远（郑国），增加邻国（晋国）利益，不如远交郑国而近防晋国。

据《史记·商君列传》和《战国策·秦一》记载，战国初期的商鞅、略早于范雎的张仪，都曾提出过类似的策略。

【原典】

形禁势格①，利从近取，害以远隔。上火下泽②。

【精义】

如发展的形势受到地理等原因的限制和阻碍，就攻击近处的敌人获得利益，越过近敌先去攻取远敌是有害的。火焰向上蹿，泽水向下流，事物发展变化的规律都是如此。

【读解】

在古代封建割据的兼并战争和近代列强实行扩张政策的战争中，远交近攻的谋略经常得以运用，通常都表现为结交远方国家的同时，猛烈攻取邻近国家。这是一种制造和利用矛盾，分化瓦解敌方联盟的计谋，有助于集中力量应付眼前的敌人，并将其置于孤立无援的境地。其实质是为避免树敌过多而采用的外交诱骗，最终目的是为了将敌对势力各个击破。其实从长远来看，所谓远交也绝不可能是长期友好。消灭近邻之后，远交之国便成了近邻，新一轮的征伐也是不可避免的。

古人对这条计策评价说："混战之局，纵横捭阖之中，各自取利。远不可攻，而可以利相结；近者交之，反使变生肘腋。"大

---

① 形禁势格：禁，禁锢、限制。格，阻碍。全句意为：受到地势的限制和阻碍。

② 上火下泽：语出《易·睽》。睽卦为兑下离上。上卦为离为火，下卦为兑为泽。上火下泽，是水火相克；水火相克则又可相生，循环无穷。又"睽"：离违，即矛盾。本卦《象》辞说："上火下泽，睽。"意为上火下泽，两相违离、矛盾。此计运用"上火下泽"相互违离的道理，说明采取"远交近攻"的不同做法，使敌相互矛盾、违离，而我则可各个击破。

意是说，当局势混乱的时候，各种势力都会陷入联合与分裂，频繁变换，以争取自己的利益与发展。这时，不要去攻打远处的势力，可以用利益来结交；如跟近处的势力结交，则容易使变故发生在贴近自己虚弱或要害的地方。战国时期几个大国的战略，多半就是以地理位置的远近来作为结交或攻击的准则，其道理是很正确的。

历史发展到 19 世纪以至于今天，随着科学技术的飞速发展，各国海上和空中运输能力的极大提高，远程军事打击武器的出现，使得"远交近攻"的谋略思想似乎失去了以往的光彩。例如，鸦片战争以来列强对中国的侵略战争，20 世纪上半期第二次世界大战及后来的朝鲜战争、越南战争、阿富汗战争、伊拉克战争、科索沃战争，均属"远攻"。对于这种变化，是需要好好加以研究的。但是，无论什么时候，地理因素和地缘政治都将继续对战争产生不可忽视的影响，只是由于时代的发展和变迁，其影响的方式和程度不同而已。

【活学活用】

活学活用：秦统一六国

秦统一六国之战发生在前 230 到前 221 年。秦国用了十年时间将韩、赵、魏、楚、燕、齐东方六国逐一灭掉，统一了天下。秦国之所以能够取得胜利，应该说，正确地采用"远交近攻"的战略指导方针，是夺取胜利的关键所在。

秦昭王时期，东方六国采用苏秦的"合纵"之策，共同对付秦国。秦昭王便向范雎请教如何破坏东方六国的这种"合纵"抗秦联盟。范雎仔细认真地分析了当时秦国的情况和东方六国的状况。指出东方六国之所以能够合纵抗秦。很重要的一点是：他们认为秦国是他们的共同敌人，是对他们生存的最大威胁。因此，为了共同的利益，使他们暂时放弃了彼此之间的矛盾和争执，齐心协力团结抗秦。而作为秦国，就应利用东方六国之间存在的矛盾，首先与距离秦国较远，矛盾不十分尖锐的楚国、燕国和齐国搞好关系，使他们感到秦国不但没有吞并他们的想法，而且还有与他们结好的愿望。以松懈他们对秦国的警惕，进而达到拆散东方六国建立的反秦联盟的目的。然后，集中力量打击与秦国邻近的韩国、赵国、魏国。这不但可以解除了秦国进攻齐国、燕国和楚国时，可能出现的后顾之忧。并且可以切断南方的楚国与燕国和齐国的联系，为第二步再攻打楚、燕、齐三国创造条件。这就是范雎所提出的"远交近攻"战略的核心。秦昭王对范雎的建议大为赞赏。自秦昭王到秦王嬴政，历代秦国君主无一例外，将"远交近攻"定为国策，坚决执行，并很据不同情况，制定对付东方六国的具体策略。

秦国自商鞅变法后，不仅土地扩展了，而且拥有当时中国最富庶的四川平原和关中地区，使秦国的国力大增。到秦王嬴政时期，秦国已拥有"战车万乘，奋击百万，沃野千里，蓄积饶多"。这就为秦灭六国奠定了雄厚的物质基础。

而东方六国，虽一度采用苏秦的合纵抗秦之计，集六国之财力、物力共同对付秦国，也曾取得了一些胜利，并一度迫使秦国不敢轻易进攻六国。但随着时间的流逝，到秦王嬴政时期，六国各自为自己的利益着想，各怀私心，再也不能合力同心抗击秦国了。

秦王嬴政在发动统一战争前，召集文武官员全面分析了东方六国的各自情况，为确定灭亡六国的策略，提供依据。

李斯认为：在东方六国中，韩、魏、燕的力量最弱。特别是韩国，早在前 254 年就已向秦国称臣。而现在的韩国又处在秦国的三面包围之中，什么时候想灭掉它，随手即得，可谓掌中之物。而魏国自马陵、桂陵两战被齐国的孙膑打败后，国势日益衰落，又不断遭到秦的进攻，领土日渐缩小，也不可能对秦国构成威胁。燕国远离秦国，况且地广人稀，土地贫瘠，国力较弱，并且与赵国和齐国的矛盾很深，彼此之间多次发生战争，结果损兵折将，日渐衰落。

那么只有楚、赵、齐三国可谓六国中的强国，但现在它们也很难与往日处在鼎盛的时期相比。

赵国虽然"地方两千里，带甲数十万"，是仅次于秦国的第二强国。但自赵孝成王之后，开始衰落，太原、上党相继落入秦国之手。特别是长平一战，秦国坑杀赵国降卒四十万，使赵国从此再没能恢复元气。虽然赵国后来联合魏国和楚国，打退了秦国的进攻，但作为强国的历史已经一去不返了。

南方的楚国虽有"带甲百万"，土地五千里。但自都城郢被秦攻破后，都城被迫东迁，以避秦军的锋芒，最后迁到寿春。而此时的楚国，君臣上下俱无复国图强之志，只求苟且偷安。

而齐国这时只知独立保境，从不援助其他国家的抗秦，加之此时的齐国已经几代无良将，因此国力也日渐衰落。

李斯根据自己对东方六国情况的分析，向秦王嬴政建议，凭借秦国的强大，"足以灭诸侯，成帝业，为天下一统"。否则一旦"诸侯复僵（强），相聚合纵"，那就错过了万世难得的机会。应不失时机地发动对东方六国的战争，统一天下。

卫缭也提出建议，为破坏东方六国的合纵，建议秦王嬴政应采取"毋爱财物，赂其豪臣，以乱其谋"的策略。从敌国内部进行分化瓦解，以配合正面进行的军事斗争。

韩非则进一步提出了秦灭东方六国的具体方案，那就是："破天下之纵，举赵亡韩，臣荆（楚）魏，亲齐燕，以成霸业之名。"即首先进攻近处的赵国和韩国，同时暂时稳住楚国和魏国，拉拢燕国和齐国，等灭赵之后，再逐一灭掉其他五国。韩非的这一战略，实际上是继承和发展了秦国自秦昭王以后所一直奉行的"远交近攻"这一既定的国策。

秦王嬴政采纳了他们的建议。确定了在"远交近攻"这一战略决策的指导下，首先重点打击赵国，并乘势灭掉韩国，而后一举再灭魏国，控制中原。打破东方六国的合纵可能，然后消灭楚国，最后再灭燕、齐。实际上这是一个先弱后强，由近及远各个击破的方针。

这样便开始了在"远交近攻"战略指导下历时十年的统一战争。

前236年，秦国抓住赵国进攻燕国致使内部空虚这一时机，一面派使者去燕国，向燕王表示秦国愿意出兵援燕，并商定一旦灭赵，两国平分其地，燕王听后大喜；一面派大将王翦率秦军经上党地区进攻赵的都城邯郸，又派将军桓龁率军攻打邯郸以南地区造成对赵国的合围。赵王闻讯，急忙把进攻燕国的军队调回，命大将李牧迎击王翦，扈辄阻击桓龁，双方互有胜负，很快形成对峙局面。后来桓龁采用迂回战术大败扈辄，斩杀赵军十万余人。但很快李牧挥军救援，又将桓龁击退，双方又呈对峙状态。消息传到咸阳，秦王嬴政听罢焦躁不安，担心时间久了，东方六国看出秦国的意图，再结合纵进攻秦国。于是，急忙召集会议商议对策。卫缭说："我知道赵王身边有一宠臣名叫郭开，此人生性嫉妒而又十分的贪财，与李牧素来不睦。大王可不惜重金行贿，让他在赵王

172

面前诋毁李牧，加之赵王生性多疑，必然中计。"

郭开在得到秦国贿赂他的金银后，立刻在赵王面前造谣说："李牧击败桓齮却不回击王翦，而按兵不动，大王几次催他进兵，他都以各种借口加以搪塞，拒不领命。我看他这是心怀异志。大王对他可要警惕呀，别忘了他现在手中可掌握有几十万军队，一旦他投降了秦国，回过头来打我们，那可就……"赵王忙问："那我该如何？"郭开言道："可先夺取他的兵权，改由赵葱为将。"赵王听信了郭开的话，杀了为赵国曾屡立战功、威震秦国的李牧，由赵葱为将。赵军将士见此个个寒心，致使兵无斗志。

正当秦军集中力量攻打赵国时，韩王安却慑于秦国的威势，派人到秦国请降。秦王嬴政大喜，立刻派内史腾前去接受韩国的土地。前230年，秦借口韩国仍与赵、楚搞合纵，派兵攻打韩国，很快俘获了韩王安，其地置为颍川郡。这样韩国在六国中首先被秦国所灭。

前229年，秦国利用赵国发生大地震和旱灾的机会，派王翦再次攻打赵国。秦军一举突破井陉，攻克邯郸，赵王迁也当了秦国的俘虏，赵国灭亡。

秦灭赵后，陈兵于燕、赵边境，虎视燕国。这时燕王才如梦初醒，意识到当初秦军出兵援燕是假，一旦它灭掉了赵国，下一步就是攻打燕国。燕王后悔当初不该听信秦国的挑拨而与赵国交战，如今赵国已亡，燕国再也没有什么天然屏障可以抵御秦军了。早先燕王的谋臣鞠武曾建议燕王："西约三晋，南连齐、楚，北媾匈奴以图秦"的方针，这实际上是一种合纵拒秦的战略。但现在赵国已亡，失去了时机。燕王无奈只好听从太子丹的建议，把燕国的命运都押在刺客荆轲的身上，幻想通过他刺死秦王，以挽救燕国。燕太子丹一直把荆轲送到易水河边，两人洒泪而别。

秦王嬴政听说燕国愿意割地请和，所派使臣已达咸阳。又听说燕使还将秦国叛将樊於期的人头给送来了，很是高兴，亲自接待荆轲。荆轲献上樊於期的人头后，又献上燕国准备割地的地图，一边展开，一面用手将燕国准备割让给秦国的地方一一指给秦王。当最后地图全部打开时，突然在地图中间出现了一把明晃晃的匕首。说时迟，那时快。荆轲右手抓住匕首，左手抓住秦王的袍袖，要秦王放弃攻燕。秦王大惊失色，用力挣脱。情急之中想拔佩剑，结果由于剑长，加之心情紧张，怎么拔也拔不出来。又见荆轲举着匕首奔来，秦王只好绕着大殿的柱子躲避荆轲，危急之中，一个侍医将随身携带的药箱砸向荆轲。此时秦王又忘了下令召集殿外的武士。众人则大叫让秦王从背后抽出宝剑，果然秦王抽出了佩剑，回身一剑砍断了荆轲的左腿。荆轲倒在地上，将手中的匕首掷向秦王，被秦王躲过，击中了大殿的柱子。荆轲见未击中秦王，不禁仰天长叹一声："此番未能击杀秦王，非我荆轲之过，实乃天意，上天要亡燕国啊。"

秦王嬴政马上派大将王翦和辛胜率军大举攻燕。在易水边，秦军大败燕代联军，并乘胜攻占燕都蓟，燕王喜与太子丹逃到辽东。秦将李信追击千里，最后迫使燕王喜杀死太子丹向秦国投降，燕亡。

秦灭韩、赵、燕以后，基本上控制了黄河中下游地区，只剩下孤立无援的魏国。前225年，秦国派王贲率军从关中出发，直捣魏国的大梁。怎奈大梁城墙高厚，异常坚固，屡攻不克。于是秦军便引黄河和鸿沟之水，灌进大梁。大梁终于被秦军攻克，魏王假投降，魏亡。

至此东方六国已有四国灭亡，只剩下南方的楚国和东方的齐国。在齐楚之间，攻齐，必须越过新破之国，人心未附，补给困难，依据"远交近攻"的战略方针。秦王决定先攻楚国。虽然过去秦国曾数次大败楚国，但楚国毕竟是一个大国，秦国不敢轻视。因此，在出兵前秦王嬴政召集部将商议攻灭楚国的策略。将军李信年少气盛，又在灭燕的战争中俘获燕王，深得秦王的赏识。于是秦王首先问李信："寡人想攻取楚国，依将军看来，需用多少兵力才能取胜呢？"李信答道："依末将看来，最多不过二十万人！"秦王嬴政转过头来又问老将王翦："老将军依你看呢？"王翦回答说："楚国乃是一个大国，要想灭楚非六十万人不可。"秦王听罢很不以为然，不禁脱口说道："看来王将军真是老啦，连打仗也不如以前勇猛而变得胆小起来，李将军不愧年少有为，勇猛果敢，那么我就任命你为主将，蒙恬为副将，率军二十万即日起兵，攻打楚国。望将军早日奏凯回师，寡人当亲自前往迎接。"李信得意扬扬，与蒙恬领兵二十万杀奔楚国。王翦见此情景，便借口自己年老体衰，告老还乡，回到老家度晚年。

开始秦军进攻比较顺利，很快李信攻占了楚国的平舆，蒙恬攻占了寝，大败楚军。秦军连胜之后，开始骄傲轻敌，而楚军在大将项燕的指挥下，利用秦军的麻痹轻敌，突然发起反击。在楚军的猛烈打击下，秦军溃不成军。楚军连续追击三天三夜，攻下秦军营垒两座，杀死都尉七人。这是秦国在统一六国战争中最惨重的一次失败。

秦王嬴政得到秦军失利的消息后，勃然大怒。这才意识到，王翦当初的主张是正确的。于是他亲自来到王翦的家乡，登门向王翦赔礼："寡人不用将军的计策，结果李信大败而回，使我军蒙受了很大的耻辱。又据报告，楚军正向我边境逼进，我秦国处境危急。现在将军您虽然有病在身，怎么能单独把我抛弃呢？"王翦答道："老臣我身染重病，很是虚弱，很难领兵出征了，还望大王选择更有能力的人为将吧。"秦王说："我已经找到了这样的大将了。将军你就不必再多说了。"王翦说："如果大王非坚持让我领兵出征的话，那么灭楚非需用六十万人不可。"秦王答道："一切均由将军一人定夺，打仗之事全都要仰仗将军了。"

王翦率大军六十万灭楚，秦王嬴政一直送到灞上。王翦鉴于李信轻率进军的错误，在攻入楚国后，采取以逸待劳的作战方针，在陈邑、商水、上蔡、平舆一带构筑营垒。

楚王负刍听说秦国再次来攻，而且又是倾全国之兵出动时，也动员了全国的力量，准备和秦军决一死战。

项燕鉴于秦国这次是以六十万大军来攻，领兵的又是老谋深算的名将王翦。便仍采取上次打败李信的战术，在寿春以北的淮河北岸构筑营垒，用坚固的防守，首先挫败秦军的锐气，等到对方久攻不下，粮草不济时，再指挥楚军全线出击，向秦军反攻，一举将其赶出楚境。从当时秦楚力量对比上看，项燕的这一战略无疑是正确的。六国之中除楚国外，只剩下一个齐国，而它又一直抱着保境的观念不放，因而楚国不能指望齐国出兵援助自己。而秦国在吞并了四国后，可谓兵强马壮，士气正盛。虽然前次李信攻楚受挫，但对于秦国这个"带甲百万的强国"是不会产生严重影响的。所以贸然进攻秦军，只能加速自己的失败。当项燕看到王翦把军队扎在建好的营垒里面的时候，更加坚信了自己的主张，即不能主动进攻秦军，而是与之对峙。

因此，秦、楚两军在淮河对峙达数月之久。楚王负刍见项燕数月没有动静，以为他胆怯而不敢与秦军交战，便几次派人催促他进攻秦军。项燕反复说明自己的理由，无奈楚王固执己见。甚至怀疑项燕不主动进攻，是与秦军有什么密谋。项燕只好改变原来的计划，率军离开营垒，从西面进攻秦军。 结果秦军营垒坚固，楚军根本无法攻破，而且死伤很多。 项燕只好领兵又改从东面攻击秦军。

楚军的这些动向，早被王翦了解得一清二楚。 于是他利用楚军疲惫不堪，又离营而去的有利时机，下令全军出击，与楚军大战于涡河。 秦军奋勇冲杀，楚军只得且战且退。 不想又遇到涡河的阻拦，真是前有所阻，后有追兵。 顿时楚军队伍大乱，被秦军杀死和落水而死的不计其数。 只见河面上漂满了楚军的尸体，项燕也在蕲被秦军杀死。

王翦一面命蒙武率军攻占淮河以北的楚地，自己则亲自率军直扑楚都寿春，俘虏了楚王负刍。 第二年，王翦又平定了江南的楚地。

现在六国之中只剩下齐国。 这时的齐国，内部混乱不堪，民心涣散，虽然有人曾提出建议，与其坐以待毙，不如主动出击。 这实际上是纸上谈兵，无济于事。 齐王建不甘心就这样为秦所灭，还想做一番挣扎，他把军队集中在齐国西部，准备抗击秦军。

前221年，秦军避开了齐军重兵防守的西部。 避实击虚，而从防守薄弱的北部发起进攻，地插齐国的都城临淄。 在对齐国施加压力的同时，秦国还对齐国采取政治诱降的策略。 许诺只要齐王答应投降的话，秦国可以给他五百里封地。 在秦军的压力下，齐王建出降。 秦王嬴政终于用了十年的时间，完成了灭六国、统一天下的大业。

李斯、韩非和卫缭发展了由范雎提出的"远交近攻"的谋略，并把这一谋略从单纯地运用于军事斗争发展到与政治、外交斗争相结合。 因而在实行过程中，能够依据情况，交相使用，灵活掌握，依次击灭六国。

秦灭六国之战，可说是"远交近攻"谋略成功运用的范例。

【心得精要】

当军事力量还跟不上自己的雄心壮志时，运用"远交近攻"不仅可以存身，还可以保家，同时能伺机有步骤地扩大自己的势力范围。"远交"的目的是为了避免树敌过多。因此应该注意远交并非要长久和好，一旦近敌被征服，远交的使命也就自动终结。远交近攻的运用要灵活。所谓的远近之分并不一定是空间概念上的，也可从利益关系上来定义，也包含了放弃过高目标，杜绝好高骛远，抓住身边利益积少成多的意思。

第二十四计　假道伐虢

【本计旨要】

假道伐虢：假道意为借路，伐意为讨伐、进攻，虢是春秋时诸侯国名。原意是晋国假道于虞以伐虢，灭虢之后，又回师灭虞，即借别国的道路向敌人发动隐蔽而突然的进攻。后用以泛指以借路为名，加以利用，而后将其消灭的策略。军事上一般为越过中间地区，先去攻下较远的敌国，待中间地区孤立之后，再回头围而歼之。总之是为了将兵力顺势渗透进去，控制对方，突出奇兵而取胜。此计的关键在于"假道"，要善于寻找"假道"的借口，善于隐蔽"假道"的真实意图，突出奇兵，才可以取胜。

其关键在于：对处于敌我两个大国中的小国，当敌方要消灭小国时，我方要立即出兵援救，借机把军事力量扩展出去。对处在窘迫状况下的国家，光空谈而不付诸行动，是不会被其信任的。应抓住其侥幸图存的心理，乘机渗透，以便控制局势，将其吞并。此计有三种含义：一、借水推舟；二、借机渗透；三、一箭双雕。

【计名探源】

"假道伐虢"又称"假途伐虢"，语出《左传·僖公二年》。据记载，僖公二年（前658），晋献公因为当初虢（guó）国曾参与晋国内乱，帮助晋国公室攻打献公的先祖庄伯和武公（分别为献公祖、父），准备灭掉虢国（指北虢，位于今河南三门峡至山西平陆一带）。大臣们都很赞成。于是，献公便让荀息以屈地（今山西吉县东北）所产良马和垂棘（今山西潞城北）所出的玉璧，送给虞国（在晋之南虢之北，今山西平陆北）国君，向其借道，以便攻打虢国。虞国国君答应了晋国的请求，献公遂立即出兵伐虢，夺取了虢国的下阳邑（今山西平陆北）。

三年之后（前655年），晋国再次向虞国借道伐虢，虞大夫宫之奇劝谏虞君说："千万不可！虢国是我们虞国的外表，虢国如果灭亡了，虞国也必然跟着灭亡。借道一次就已经过分了，岂可再次？俗话说'辅（颊骨）车（牙床骨）相依，唇亡齿寒'，说的就是我们虞国和虢国的这种关系。"虞君说："晋是我们的同姓（姬），不会攻伐我们的。"宫之奇说："太伯和虞仲，是周太王的儿子，太伯出走了，因而没有继承王位。虢仲和虢叔，是王季的儿子，曾经担任周文王的卿士，他们的功勋朝廷都有记载。现在，晋国连虢国都要灭掉，怎么会爱惜我们虞国呢？"但是，虞公不听，宫之奇只好带着族人离开了虞国。

就在这一年冬天，晋军假道虞国灭掉虢国之后，在班师途中顺道也将虞国灭掉了。此后，人们便将这种以讨伐别国为借口而向第三国借道，最后将第三国也一起灭掉，或者甚至只将第三国灭掉的做法，称作"假道（途）伐虢"。

【原典】

两大之间，敌胁以从，我假①以势。困，有言不信。②

【精义】

处在两个大国中的小国，当敌威胁其屈从时，我方立刻救援，借机把军事实力渗透进去。小国受困，只有空话而无实际援助，是不能取得其信任的。

【读解】

古人曾经这样评价这条计策："假地用兵之举，非巧言可诳，必其势不受一方之胁从，则将受双方之夹击。如此境况之际，敌必迫之以威，我则诳之以不害，利其幸存之心，速得全势，彼将不能自阵，故不战而灭之矣。"大意是讲借道采取军事行动，不是巧妙的言辞可以欺骗的，形势必然是这个小国不受一个强国的威胁，就将受到两方的夹击。在这种很微妙的情况之下，敌人必定用武力来逼迫它，而我方则应该假装许诺不加害它，利用小国侥幸生存的心理，迅速地控制局势。当然，对处在夹缝中的小国，只用甜言蜜语是不会取得它的信任的，我方应多以"保护"为名，不断渗

---

① 假：假借。

② 困，有言不信：语出《易·困》，困卦为坎下兑上。上卦为兑、为泽、为阴；下卦为坎、为水、为阳。卦象表明，本该容纳于泽中的水，现在离开泽而向下渗透，以致泽无水而受困；同时，水离开泽流散无归也是困，所以卦名为"困"。"困"为困乏的意思。困卦的卦辞说："困，有言不信。"大意是说：处在困乏境地，难道还能不相信强者的话吗？本计运用此卦理，是说处在两个大国中的小国，面临着受人胁迫的境地。这时，我若说要去援救他，他在困顿中能会不相信吗？

透势力，使其丧失自主权。 然后再乘机发动突然袭击，这样，就可以轻而易举地获得胜利。

在军事、外交、政治上，假道伐虢都是一种"以假示真"法，真真假假施计于人，方可取胜。 此计的实践运用，在古今中外历史上都不罕见，并且总有新意。 如三国时，张鲁曾对西蜀的益州牧刘璋多次挑衅，刘璋怒而杀其母及其弟，二人成为仇敌。 为了抵御张鲁的入侵，刘璋想到请同族的刘备穿过西蜀去前线帮忙。刘备闻讯后大喜，决定假借帮助刘璋攻打张鲁的名义，堂而皇之地将自己的势力渗入益州，达到最终以较小的代价霸占西蜀的目的。后来因为刘备的内应泄漏了机密，刘璋才恍然大悟。 但为时已晚，刘备早已派人占领了西蜀各地的交通要道，并且将大队人马驻扎在了益州。 可怜的刘璋根本阻止不了局势的发展，刘备轻而易举就围困了成都，而刘璋只好出城请降。 于是，刘备兵不血刃，就得到了大量地盘。 在这一战役中，张鲁类似于虢国，刘璋则类似于虞国，而刘备就仿佛是强大的晋国，他打着"假道"的旗号，控制了关键地带，这才一举占领了地势险要的巴蜀地区。

在现代商业活动中，假道伐虢之计的应用也十分常见。 有些人遇到经济危机或其他不利于自己的因素时，便想出种种策略和计谋来争取一切有利于自己的时机，或者找出合情合理的借口，取得有关部门和群众的支持及信任，从而获得长久发展，完成自己的真正目的。

【活学活用】

活学活用：武则天为争宠夺权打拉结合

假道伐虢之计的实行，要求用计者必须善于利用矛盾，因势利导，在一定时期内拉拢一方，打击一方；击败一方之后，再集中力量收拾被拉拢的这一方。各个击破，两方都是败者，只有自己才是胜者。中国历史上唯一的女皇武则天正是采用这一计策，击败一个个对手，最终取得了皇权。贞观十一年（637年）春天，14岁的武则天迈着轻盈的步子，应诏走进了唐太宗的后宫。武则天入宫以后，唐太宗封她为才人，赐号武媚。贞观二十三年（649年）五月，太宗去世，按照朝廷的规定，武则天和其他嫔妃们一起，被送到长安感业寺出家当了尼姑。这一年她26岁。

永徽五年（654年），唐太宗五周年忌辰日，唐高宗李治到感业寺追悼他的亡父，武则天认为不能放过这个千载难逢的机会，就在拜见高宗时，轻轻地向高宗追述往事，倾诉了情怀。原来，太宗生病时，高宗进宫侍候，与武则天一见钟情。此后，和武则天在一起的情景，长时间萦绕在高宗李治的脑海中。回到宫中，高宗李治把在感业寺遇到武则天的情况告诉了皇后王氏。

当时，王皇后和高宗的另一个妃子萧氏因为争宠，闹得剑拔弩张。王皇后无子，而萧妃当时刚刚怀孕。王皇后见高宗眷恋武则天，就想用武则天来离间萧妃和高宗的关系。于是，王皇后暗中派人到感业寺命武则天蓄发，几个月后，就把她接入宫中。

武则天把王皇后服侍得非常周到，很快得到了王皇后的好感和称赞。两人结成联盟，合力扳倒了萧淑妃。王皇后常在高宗面前夸奖武则天美丽、聪明和贤惠。这样，高宗对武则天更加宠爱，立她为昭仪，封她为震妃。此后，高宗对武则天的爱情越来越炽烈，对王皇后和萧妃的感情则越来越淡薄。这使王皇后和萧妃都很不安，于是，她们开始联合起来在高宗面前说武则天的坏话。但是为时已晚，高宗对王皇后和萧妃的话再也听不进去了。

假道伐虢的第一步成功了，接下来，武则天为了巩固自己的地位，便开始想方设法打击和陷害王皇后。不久，她策划了一个恶毒的阴谋。

那是在武则天刚生完一个女孩之后。一天，王皇后又来到武则天宫中看望女孩儿。王皇后走了以后，武则天就狠心地把女孩儿掐死，然后诬陷王皇后。高宗非常愤怒，产生了废掉王皇后、立武则天为皇后的念头。

高宗废王皇后、立武则天为皇后的想法遭到了元老重臣们的反对，长孙无忌、褚遂良、韩瑗、来济等人反对尤为激烈。褚遂良对高宗说："皇后出自名门，又没有什么过错，怎么能随便废掉呢？"

为了使长孙无忌同意武则天立后的事，高宗还专门派人到长孙无忌府上，送去两车金银珠宝和十车锦缎，并答应封长孙无忌的儿子做大夫。但是，长孙无忌始终持反对态度。

高宗见得不到长孙无忌、褚遂良等豪门大族出身官员的支持，就转向寒族出身的官员们征求意见。有个叫李勣的人对高宗说："废立皇后，这是陛下的家事，何必一定要征求朝中大臣的意见呢？"李勣的话促使高宗最后下了决心。永徽六年（655 年）十月，高宗颁布诏谕，立武则天为皇后，废王皇后和萧妃为庶人。

王皇后和萧妃被囚禁之初，高宗还有时怀念旧情。一天，他闲着没事，来到王皇后和萧妃被囚禁的院落，只见衰草枯杨，残砖断瓦，庭院一片败落景象。看到此情此景，高宗满心凄凉，并答应把王皇后和萧妃救出去。不料，武则天知道了这件事，马上派人除掉了王皇后和萧妃，从而永远保住了她在后宫中的地位。

武则天害死王皇后和萧妃以后，又开始惩治那些反对她的朝中大臣。 她把褚遂良、长孙无忌先后流放到边远地区。 武则天对于支持她的人则委以重任，提拔许敬宗、李义府等当了宰相。

这时的武则天大权在握，独得专宠。 但是，她的假道伐虢之计并未结束，她还在演。 她的下一个目标就是唐高宗李治、李氏子孙以及整个大唐江山。

由于高宗身体日益衰弱，文武百官呈给他的奏本，只能让武则天代批。 宫廷里的许多政事，高宗都委托武则天办理，在高宗病好后上朝问政时，武则天也坐在垂帘的后面进行指挥，发表意见。于是，朝中的大权渐渐落入武则天手中。 武则天的威望越来越高。

高宗看到大权旁落，非常懊悔。 一天，高宗把上官仪召入宫中，密谋废掉武则天。 武则天听到消息，气冲冲地来找高宗。 高宗非常害怕，只好把责任推到上官仪身上。 结果，武则天把诏书撕得粉碎，还以谋反罪名，把上官仪和王伏胜杀了。 上元元年（674年）八月，高宗称为天皇，武则天称为天后。 从此，朝中文武百官都把高宗和武则天称为"二圣"。 唐高宗对武则天和武氏家族的势力日益上升深感害怕。 他担心李家天下被武氏夺去，就想趁自己还在世的时候，把皇位传给太子李弘。 不料，李弘被武则天毒死，年仅24岁。 李弘死后，武则天次子、高宗第六子李贤被立为太子。 不久，武则天又策划阴谋，把李贤贬为庶人，流放巴州。

弘道元年（683年）十二月，56岁的高宗去世。 他在遗诏中宣布把皇位传给太子李显，李显就是历史上的唐中宗。 李显是武则天的第三子、高宗第七子。 由于武则天认为李显妨碍了她的权力，又把李显废掉，改立豫王李旦当皇帝，史称睿宗。 载初元年（690年）她又废掉睿宗，自己总揽朝政。 不久，武则天索性改唐朝国号为周，封自己为圣神皇帝。 这样，武则天终于当上了皇帝。 她是中国历史上唯一的女皇帝。

【心得精要】

在现代商业活动中经常可以看到商家施展"假道伐虢"之计。比如，自己在遇到不利的因素时，想出策略和计谋争取一切有利于自己的时机或者找出一个合情合理的借口，借扶危济贫之举等，取得有关部门和群众的支持及信任，从而深入其内部同他们搞好关系，获得长久发展，实现自己的真正目的。

第五套　并战计

第二十五计　偷梁换柱

【本计旨要】

"偷天换日""偷龙换凤""调包计"，都是同样的意思，在军事上，联合对敌作战时，反复变动友军阵线，借以调换其兵力，等待友军有机可乘、一败涂地之时，将其全部控制。此计本意是乘友军作战不利，借机兼并他的主力为己方所用。此计中包含尔虞我诈、乘机控制别人的权术，所以也往往用于政治谋略和外交谋略。

【计名探源】

"偷梁换柱"语源晋皇甫谧《帝王世纪》："纣倒曳九牛，抚梁易柱。"意思是说，殷纣王力大无穷，能够将九头牛倒拽回来，并能托起屋梁，更换房柱。但是，"偷梁换柱"一词似乎出现很晚，现各处征引多以清代曹雪芹的著名小说《红楼梦》第九十七回"偏偏凤姐想出一条偷梁换柱之计"一段文字为证，那么《三十六计》的成书如果早于《红楼梦》，则《三十六计》就是这一词语最早的文献出处了。

【原典】

频更其阵，抽其劲旅，待其自败，而后乘之，曳其轮①也。

---

① 曳其轮：见《易经》既济卦。曳：拖住。《六十四卦精解·既济》："前有险，众竞济，初能曳而止之。"这里的意思是：拖住了车轮，车子就不能运行。抽去了"梁柱"，房屋自然就会倒塌。

【精义】

频繁地更换友军的阵营，抽调他的中坚力量，等到他形势将败时，趁机行动，就像拖住了轮子，车辆就无法行驶一样。

【读解】

"偷梁换柱"的核心意思是：借共同对敌的机会，暗中改变事物的内容或本质，以达到控制或兼并盟友的目的。

"偷梁换柱"的本义是以劣充优，以假充真，但其被引入军事领域之后，含义已经发生变化，成为一条控制或兼并盟友的策略。此计的同义语有"偷天换日""调包计"等。当其被用于论战或舆论宣传时，则往往变成了"偷换概念"。

有学者认为，这也是用来对付敌人的一条计策，此说恐怕不能成立。因为，此计解语所说的"频更其阵"不可能是指敌阵——敌阵岂能容许你来"频更"？至于"抽其劲旅"，则更不可能。所以，此计应当是同盟之间钩心斗角、相互吞并的一种策略。如果硬要说敌阵可以通过我方的佯动、示形措施进行调动，那似乎已经不是"偷梁换柱"之计的范围了。

古人在阐释这条计策时，说："阵有纵横，天衡为梁，地轴为柱。梁柱以精兵为之，故观其阵，则知精兵之所有。共战他敌时，频更其阵，暗中抽换其精兵，或竟代其为梁柱；共成阵塌，遂兼其兵。并此敌以击他敌之首策也。"这段话主要是从军事部署的角度讲的。古代作战，双方要摆开阵式，列阵都要按东、西、南、北方位部署。阵中有"天横"，首尾相对，是阵的大梁；"地轴"在阵中央，是阵的支枕。梁和柱的位置都是部署主力部队的地方。因此，观察敌阵，就能发现敌军主力的位置。如果与友军联合作战，应设法多次变动友军的阵容，暗中更换它的主力，派自己的部队去代替它的梁柱，这样一定会使它的阵地无法由它自己控制，这时就可以立即吞并友军的部队。

因为此计中包含尔虞我诈、乘机控制别人的权术，所以也常常被用于政治谋略和外交谋略。在封建社会里，所谓"友军"，不过只是暂时的联合而已，因而兼并盟友也是常事。本计的要点就在于"换柱"，即用自己的力量代替对方的主要力量，从而兼并对方。本计实施的前提，首先是要和兼并之敌成为盟友，解除对方的防备。然后在对抗另一个敌人的时候，巧妙地在盟友队伍里安插力量，将其"同化"，当它的主要力量丧失时，就无法决定自己的命运了。不通过战斗就消灭敌人、壮大自己，这才是上兵伐谋。

【活学活用】

活学活用一:赵高矫诏立胡亥

秦始皇建立秦朝，自以为幅员辽阔、铜墙铁壁的江山，是子孙万代的家业。加之自我感觉良好，自以为身体还不错，所以太子的位子一直没有公开。围绕接班人问题，宫廷内出现了两个彼此敌对的政治集团。一个是长子扶苏、蒙恬结盟的军人集团，一个是幼子胡亥、赵高结盟的太监集团。长子扶苏恭顺好仁，在全国人民中有很高的声誉。秦始皇一开始也确实想立扶苏为太子，为了锻炼他，就派他到著名将领蒙恬驻守的长城防线做监军，在前线挂职锻炼。秦始皇的幼子胡亥被秦始皇留在身边，秦始皇很宠爱胡亥，对他不加管制，在宦官赵高教唆下胡亥只知吃喝玩乐。

秦始皇喜欢到处巡视，借以震慑六国贵族的造反企图。但是天意难测，前210年，秦始皇第五次南巡，到达平原津突然一病不起。 秦始皇知道自己的大限将至，于是连忙召丞相李斯，向李斯传达密诏立扶苏为太子。 不巧的是，掌管玉玺和起草诏书的是赵高。 赵高早有野心扶持胡亥，将来好专权夺国。 于是他故意扣压秦始皇的密诏，等待时机。

关于赵高为什么要和秦朝过不去的问题，现在很难下定论。不过有观点认为，赵高是已经覆灭的赵国王室的远亲，秦灭赵后，赵高作为战利品被屈辱地带到秦国，赵高本人身负国仇家恨，再加上个人身心遭受到重大的摧残，于是产生了向秦王讨还血债的念头。 为了达到这个目的，精明的他为了迎合秦朝的法家治国路线，刻苦钻研秦律，终于得到了秦始皇的重用。 经过不懈的努力，秦始皇认为赵高精通法律，可以委以重任，于是让他进入宫中帮助皇帝处理政务，并担任胡亥的老师教他法律。 赵高一步一个小心，终于找到了这个机会实现自己的目的。

几天后，秦始皇在沙丘平台驾崩。 李斯怕太子回来之前政局动荡，所以秘不发丧。 就在此时赵高找到了李斯，赵高说皇上赐给扶苏的密诏还在我这里。 现在立谁为太子，完全是你我之间的事情。 李斯当时一惊，按说操控废立是灭九族的大罪，但是赵高对李斯讲得非常明白：扶苏做了皇帝一定会重用蒙恬，蒙家在秦国数代出将入相，实力庞大，到那个时候宰相的位置一定换人。 说起这个蒙恬可不是一般人，蒙恬的爷爷蒙骜和父亲蒙武都是秦国名将，弟弟蒙毅也是秦国重臣。 和所有受重用的年轻人一样，蒙恬也是从学法律专业入手，从事过狱讼文书工作，随后被秦始皇封为将军。 秦始皇统一六国后，出现了一则可怕的预言："亡秦者，胡也。"意思是将来一定是胡人灭掉秦朝，当时实力强大的少数民族只有匈奴，于是蒙恬受秦始皇的调遣率领三十万秦军对匈奴发动了大规模的战争，秦军战斗力强，击退匈奴七百余里，收复了河套地区。 此后蒙恬修长城驻守塞外，但是因为手握重兵，家族势力很大，蒙恬在朝廷中的影响力也大得惊人。

赵高这样一说，李斯听到这里果然心动，加之局势确实控制在自己手里，二人当即合谋制造了假诏书，诏书要求扶苏和蒙恬自杀。 扶苏是个孝子，看到诏书也只是泪流满面，他拒绝了蒙恬核实真相的要求，自杀身亡，蒙恬也自杀了。 赵高未动一兵一卒就用偷梁换柱的手段把胡亥扶为秦二世，为自己今后的专权打下基础，也为秦朝的灭亡埋下了祸根。

活学活用二：未央宫斩韩信

吕后杀韩信，历史众说纷纭。 历史上的是非功过，不是一下子说得清楚的。 这里并不想作什么评价，仅用此例，再次说明"偷梁换柱"的计谋，在历史上也往往发挥政治权术作用。

楚汉相争，以刘邦大胜，建立汉朝为结局。 这时，各异姓王拥兵自重，是对刘氏天下潜在的威胁。 翦灭异姓诸王，是刘邦日夜考虑的大事。 异姓诸王中，韩信势力最大。 刘邦借口韩信袒护一叛将为由，把他由楚王贬为淮阴侯，调到京城居住，实际上有点"软禁"的味道。 韩信功高盖世，忠于刘邦。 当年楚汉相争，战斗激烈之时，谋士蒯彻曾建议韩信与刘邦分手，使天下三分。 韩信拒绝了蒯彻的建议，辅佐刘邦夺得天下。 而今却落得这样的下场，心中怨恨至极。

前200年，刘邦派陈豨为代相，统率边兵，对付匈奴。 韩信私下里会见陈豨，以自己的遭遇为例，警告陈豨，你虽然拥有重兵，但并不安全，刘邦不会一直信任你，不如乘此机会，带兵反汉，我在京城里接应你。 两个人秘密地商量好，决定伺机起事。

前197年，陈豨在代郡反汉，自立为代王。 刘邦领兵亲自声讨陈豨。 韩信与陈豨约定，起事后他在京城诈称奉刘邦密诏，袭击吕后及太子，两面夹击刘邦。 可是，韩信的计谋被吕后得知。吕后与丞相陈平设下一计，对付韩信。

吕后派人在京城散布：陈豨已死，皇上得胜，即将凯旋。 韩信听到这个消息，又没有见到陈豨派人来联系，心中甚为恐慌。一日，丞相陈平亲自到韩信家中，谎称陈豨已死，叛乱已定，皇上已班师回朝，文武百官都要入朝庆贺，请韩信立即进宫。 韩信本来心虚，只得与陈平同车进宫。 结果被吕后逮捕，囚系在长乐宫之钟室。 半夜时分，韩信被杀。 后世称"未央宫斩韩信"。 盖世英名的韩信至死也不知道，陈豨已死的消息，完全是谎言。 陈豨叛乱，是在韩信死了两年之后才平定的。

【心得精要】

梁和柱是建筑结构中最关键、最重要、最结实、作用最大、选料最精的部件。 建筑物是否稳固，取决于梁和柱；梁软屋塌，柱折房垮。 由此可见，梁柱关系到房屋的存亡。 偷梁换柱，作为一个比喻，指使用手段暗中更换事物的关键部分，从而改变事物的本质和内容，以达到蒙混欺骗的目的。

第二十六计　指桑骂槐

【本计旨要】

"指桑骂槐"的核心意思是：通过心理暗示的方式，间接向被统御者传达统御者的信息。

"指桑骂槐"的本义是通过骂甲而间接骂乙。与之相近的词语还有"杀一儆百""杀鸡儆猴""指鸡骂狗""敲山震虎""旁敲侧击"等。这是一种在不便直接表达的情况下，通过敲打第三者而向对方间接传递某种不满情绪或其他信息的方法。在心理学上，这种做法属于间接心理暗示。至于其具体方式，则可以是语言的，如骂；也可以是动作的，如打；也可以二者兼用。

【计名探源】

"指桑骂槐"见于明代小说《金瓶梅词话》，该书第六十二回："他每日那边指桑树骂槐树，百般称快；俺娘这屋里分明听见，有个不恼的？"清代曹雪芹的《红楼梦》第十六回中也出现这一成语："咱们家所有的这些管家奶奶，那一个是好缠的？错一点儿，他们就笑话打趣，偏一点儿，他们就指桑骂槐的抱怨。"看来，这应当也是一个长期流行于民间的俗语，后被《三十六计》引入军事领域，而不是像"假道伐虢""围魏救赵""暗度陈仓"等，均有出典之处。

【原典】

大凌小者①，警以诱之②。刚中而应，行险而顺。③

【精义】

实力强大的一方想凌驾于实力弱小的一方之上，就要用警戒的办法去诱导他。有时，采取适当的强硬手段会得到应和，在险境中仍然顺利。

【读解】

指桑骂槐之计应用极为广泛。比如春秋时期，齐相管仲为了降服鲁国和宋国，就运用了此计。当时，齐国先出兵攻下了弱小的遂国，此举使鲁国心生畏惧，主动向齐谢罪求和，而宋见齐鲁联盟，也只得认输求和。管仲"敲山震虎"，不费力气就使鲁、宋两国臣服。再如，姜太公在灭了商纣、周朝立基之后，要罗致一批人才为国家效力。当时，在齐国有一位贤人狂鹬，很为地方人士推重。姜太公慕名，想请他出来做事，但接连拜访了三次，都吃了闭门羹。后来，姜太公忽然把他杀了，周公旦爱才，想救他也来不及了。周公旦问姜太公："你为什么把他杀了？"姜太公回答说："四海之内，莫非王土，率土之滨，莫非王臣。在天下大定之时，人人都应当为国家出力。只有两个立场，不是拥护就

---

① 大凌小者：凌，凌驾，领导。

② 警以诱之：本句的意思是要用警戒的办法去诱导他。

③ 刚中而应，行险而顺：本句出自《易经》"师"卦。"刚中而应"是说九二以阳爻居于下坎的中位，叫"刚中"，又上应上坤的六五，此为此应。下卦为坎表示险，上卦为坤表示顺，故又有"行险而顺"之象。本句的意思是以此卦象的道理督治天下，百姓就会服从。

是反对，绝不容有犹豫或中立的思想存在。狂矞如此不合作，若是人人都像他那样，那还有什么可用之民、可用之饷呢？把他杀了，其目的在于以儆效尤！"果然，经此一事，那些能人再也不敢隐居下去了。

古人曾阐释本计，说："率数未服者以对敌，若策之不行，而利诱之，又反启其疑。于是故为自误，责他人之失，以暗警之。警之者，反诱之也。此盖以刚险驱之也。或曰，此遣将之法也。"大意是讲率领不听从指挥的部队去对抗敌人时，如果他们违抗命令，你用利益来引诱，反会引起他们的疑心。这时，不如故意在军中挑起事端，责怪某人的过失，以警告其他不服从命令的人。警告，是从反面诱导。这就是杀一儆百、树立权威，也是调兵遣将的方法。有人会说这哪是调兵遣将的方法？但试想，不听从调遣的乌合之众，又怎能取胜？当然，如果只是一味地严厉，甚至近于残酷，也很难做到让将士们心服。所以还要会关心、体贴手下将士，使他们心生感激、敬佩，这才算得上是称职的指挥官。

本计的要点是"警"，即从反面诱导。但要注意的是，领导人应该做到"赏为表，罚为里"，即制定制度和发布命令，表面上都要以奖赏的形式出现，把惩罚隐藏在制度和命令的里层。柔外而刚中，这样人们才会被经常出现的奖赏所激励，乐意接受调遣，并受制于里层的惩罚手段。相反，若以罚为表，人们的积极性就会很差，他们宁愿不动，也不愿犯错。

【活学活用】

活学活用一：舍人妙言助乳母

汉武帝刘彻有个乳母姓侯，是东武县人氏，与刘彻感情很好。

刘彻当上皇帝后，仍称她为大乳母，她有什么要求，武帝都会尽量满足，以报答她的哺育之恩。但这样一来，大乳母的儿女子孙们便骄横起来，他们在京城街上公然拦人车马、抢人财物，无法无天。

有人把这些事告诉了武帝，武帝听后非常生气，但又不忍心治大乳母的罪。掌管此事的官吏知道武帝为难，便建议让大乳母全家迁移到边远地方去。武帝同意了。大乳母接到诏书后才悔悟自己平时居功自傲，竟疏忽了对家人的管束。如今虽悔之晚矣，但自己又实在舍不得离开武帝。这时，大乳母想到了很受武帝喜欢的东方朔，就去求他帮忙。

大乳母一见东方朔便埋头哭诉，东方朔见她可怜，就告诉她临行前一定要去向武帝辞行，走时还要做出依依不舍的样子，要边下殿边回头看武帝。于是，大乳母便按东方朔吩咐去做了。临行前，她去向武帝辞行，上殿拜完武帝后，一边下殿一边不时回头凝望武帝，眼里满是泪水。突然，站在武帝身边的东方朔破口大骂："你这老女人还不快点儿走，皇上已长大成人，不用你这奶妈来养活了！你还回头看什么呢？"武帝一听，倒觉得是在骂自己，转念想想这话虽难听，却很在理，毕竟是大乳母把自己喂养大的，现在怎么能赶她走呢？于是，他下令让大乳母回来，并赦免了她的罪，然后叮嘱她以后要加强对家人的管束。

东方朔用指桑骂槐之计使武帝最终顾念哺育之恩，从而成功地帮助乳母留在了武帝身边。

活学活用二：苏轼婉言拒旧友

北宋中叶，苏轼与苏辙兄弟均在朝中做高官，前来"走后门"

的人络绎不绝。 一次，苏辙的一个朋友来到苏府，想让苏辙帮他谋个差事。 苏辙躲着不见，这个人便向苏轼求助。 苏轼没有办法，就把他让进了屋里。 苏轼不提找差事的问题，却给他讲起了故事："传说有一个人穷得无以为生，便去盗墓。 挖开第一个墓，只见里面光着身子的古人，嘴里还念念有词：'你没听说过汉朝杨王子孙轻财傲世，下葬时连衣服都不穿吗？ 我自己光着身子，还能拿什么接济你呢？'"求职者听得津津有味，于是苏轼继续讲下去："穷汉又凿开第二个墓，墓中是个帝王，他很和气地说：'我是汉文帝，早已立下遗诏，墓中不放金玉之物，你还是到别处去吧！'苏轼讲到这里哈哈大笑，求职者似乎明白了苏轼讲这个故事的用意，脸上不觉有些发烧。 苏轼又讲了起来："穷汉气得没办法，又去找墓。 他发现有两座连在一起的墓，便首先凿开左边的墓，只见一个赢弱的身影走了过来，对他说：'我是伯夷，早年死在首阳山下，我怎么能满足你的要求呢？'穷汉只得去挖右边的墓，伯夷劝道：'那里住着我的兄弟叔齐，他的状况和我差不多，我看你是白费力气。'"听到这里，求职者彻底明白了苏轼的用意，以有急事为由匆匆地离开了苏府。 苏轼所讲的故事是"桑"，求职者相当于"槐"。 苏轼表面上轻轻松松地讲故事，实际上表明了自己不开"后门"的立场，他最后的几句话巧妙地提醒求职者不要再去麻烦他的弟弟。

【心得精要】

对待部下恩威并重刚柔相济，是为将的基本道理。 毫无军纪的乌合之众固然一触即溃，如果只是一味严苛寡恩，也难做到让将士听从。 因此指桑骂槐也需要有条件：首先是要有一定的事情可以由你借题发挥。 当然这个事情可以是偶然事件，实在没有就要自己炮制。 这个过程中不能露出人为的痕迹，否则只会导致别人的仇恨。 此外在实施惩戒的时候要把握尺度，点到为止，不能伤人过深，否则会导致离心离德。 最后在进行暗示的时候指向性要强，不能骂得人人都一头雾水，至少要被提醒的人有所警醒。

第二十七计　假痴不癫

【本计旨要】

假痴不癫，重点在一个"假"字。 这里的"假"，意思是伪装，装聋作哑，痴痴呆呆，而内心里却特别清醒。 此计作为政治谋略和军事谋略，都算高招。

此计用在军事上，指的是，自己虽然具有相当强大的实力，但故意不露锋芒，显得软弱可欺，用以麻痹敌人，骄纵敌人，然后伺机给敌人以措手不及的打击。

用于政治谋略，就是韬晦之术，在形势不利于自己的时候，表面上装疯卖傻，给人以碌碌无为的印象，隐藏自己的才能，掩盖内心的抱负，且免引起敌人的警觉，耐心等待时机，实现自己的抱负。

【计名探源】

"假痴不癫"出处不详。 清末韩邦庆的小说《海上花列传》第四十八回有"我有要紧事体请耐来，啥个假痴假呆"一语，但由于其出现太晚，其中的"假痴假呆"当与"假痴不癫"间并无渊源关系。 如此，《三十六计》似应即为"假痴不癫"一词的最早的文献出处。

不过，有关"假痴不癫"的谋略思想，在历史上同样是由来已久，源远流长。 "假痴不癫"，其实就是今天所说的韬光养晦之计。 据司马迁《史记》记载，当年周文王在预谋推翻商王朝的时候，就曾经运用过此计：有人在纣王面前谗毁文王，纣王将文王囚禁到羑（yǒu）里（在今河南汤阴），于是他的大臣们便到处寻找美女、骏马以及其他奇珍异宝，献给纣王，结果终于使纣王将他释放。此后，他一方面阴谋修德，以争取人心，延揽人才；一方面则表现得贪图享乐，胸无大志以麻痹纣王。结果，在时机成熟之后，一举将纣王推翻。其后，很多政治人物，如勾践、司马懿等等，都曾成功地使用过这一谋略。

【原典】

宁伪作不知不为，不伪作①假知妄为。静不露机②，云雷屯也③。

【精义】

宁愿假装不知道、不采取行动；也不要假装知道、轻举妄动。镇静而不泄露机密，要像惊雷一样藏在浓云里，等待发作的时机。

【读解】

《孙子兵法》说："故善战者之胜也，无智名，无勇功。"当

———————

① 伪作：假装、佯装。
② 静不露机：静，平静、沉静。机，这里是指的心机。
③ 云雷屯：语出《易·屯·象》："云雷，屯，君子以经纶。"草茅穿土初出叫做"屯"。屯卦为震下坎上。坎为雨，为云，震为雷，云在雷上，说明茅草初出土时，即遇雷雨交加。用屯卦又是九五陷于二阴之中，并为上六所履蔽，有阴阳相争不宁之象，更意味着事物生长十分艰难。所以说"屯，难也"。面临这样的艰难局面，人们必须冷静处理，认真调理，周密策划，要"经纶运于一心"而不动声色，要"'盘桓'安处于下"而以屈求"伸"，要因势利导，待机而动，而决不可"快意决往，速求自定以为功"。（以上引文均系王船山语）。

行动没有开始时，就要镇定、安静得好像痴人一样；若是轻举妄动，不仅会引起别人的怀疑，还会泄露机密。 所以装痴，会胜利；自大狂妄，会失败。 或者说假装痴傻，可以对付敌人，也可以指挥军队，还可以保全自身。 比如魏晋之时，政治纷争十分厉害，天下多事，就连当时的名士们也很少有能够保全自己而不受损害的。 阮籍是竹林七贤之一，他常常酗酒托志，拒不参与世事。当时的权臣钟会曾多次拜访阮籍，请他谈谈对国事的看法，想以其态度立场来定他的罪。 可每次阮籍都喝得酩酊大醉，钟会根本无法同他说话，阮籍也因此免去了灾难。

运用此计时，要善于制造假象。 用假象蒙蔽敌人，以等待最佳时机，克敌制胜，如三国时的司马懿就曾假病夺兵权。 不过，当时机不成熟时，就算已成功地蒙蔽了敌人，也绝不能轻举妄动，否则会损失惨重。 如姜维明知蜀汉国力不及曹魏，却劳师动众九伐中原，以至蜀汉民穷兵疲，终被曹魏所灭。

如上所述，本计的要点就是"静不露机"，即不要在还没开始行动的时候，就泄露了机密。 重要条件准备好了才可以开始行动。 当条件不具备时，一定要假装什么都没有、什么都不知道、什么都不会做，实际上在暗地里准备，促成条件的成熟，即所谓"阳静阴备"。 让敌人疏于防范，我方突然发作，使其措手不及，束手就擒。

【活学活用】

活学活用:孙膑诈癫避大难

战国时，孙宾（即孙膑）与庞涓同为鬼谷子弟子，共学兵法，曾有八拜之交，结为异姓兄弟。 庞涓为人刻薄寡恩，孙宾则忠诚谦厚。

一年，庞涓道闻魏国正厚币招贤，访求将相，不觉心动，乃辞师下山。临行，孙宾相送话别，庞涓说："我与兄有八拜之交，誓同富贵，此行若有进身机会，必举荐吾兄，共立功业。"

庞涓到了魏国，魏惠王见他一表人才，韬略出众，便拜为军师，东征西讨，屡建奇功，败齐一役，声震诸侯，相约联翩来朝，庞涓之名，惊动各国。

庞涓虽显赫不可一世，却还忌着一个人，那就是他的义兄孙宾，他认为孙宾据有祖传"孙子十三篇"所学胜己，一旦给予机会，便会压倒自己，故始终不予举荐。

鬼谷子与墨翟（墨子）相好，时相过从。一次，墨翟往访鬼谷子，见到孙宾，交谈之下，叹为兵学奇才。

墨翟到了魏国之后，在魏惠王面前举荐孙宾，说他独得其祖孙武之秘传，天下无有对手。惠王大喜，知孙宾与庞涓是同窗兄弟，乃命庞涓修书聘请。

庞涓明知若孙宾一来，必然夺宠，但魏王之命，又不敢不依，乃遵命修书，遣使往迎。

鬼谷子深通阴阳之术，算知孙宾之前途得失，但天机不肯泄露，只改孙宾之名为孙膑，并给以锦囊一个，吩咐必须到至危急时候方可拆看。

孙膑拜辞先生，随魏王使者下山，登车而去。见了魏王，叩问兵法，孙膑对答如流，魏王大悦，欲拜为副军师，与庞涓同掌兵权。庞涓却说："臣与孙膑，同窗结义，膑实臣之兄，岂可以兄为副？不如权拜客卿，候有功绩，臣当让位，甘居其下。"于是拜孙膑为客卿。

从此，孙庞两人又频相往来了。但此时相处，没有当年那样真挚，因庞涓心怀鬼胎，欲除义兄而后快，却因为孙膑熟知孙武兵法，想待其传授后才下毒手。

一次摆演阵法之后，庞涓不及孙膑，才迫不及待，开始用阳谋阴谋陷害孙膑，在魏惠王面前说孙膑身在魏邦，心怀齐国，有里通外虞。后来更假造证据，赚出孙膑笔迹，骗教孙膑请假回齐省墓。惠王见表大怒，认为孙膑有背魏向齐之心，乃削其官位，发交庞涓约束监视。庞涓乘机落井下石，私奏魏王，说孙膑虽有私通齐国之罪，但罪不至死，不若砍掉他的双脚，使成废人一个，终身也不能归齐国，既全其命，又无后患，岂不两全？魏王依奏，庞涓当晚就下毒手，将孙膑一对膝盖削去，又用针刺面，成"私通外国"四字。庞涓还猫哭老鼠般，假哭一阵，使人敷药膝盖，抬入书馆，好言安慰。

孙膑堕此术中，身虽残废，但对庞涓还是感激万分。庞涓一心念着经过鬼谷子注解之孙子兵法。试探孙膑，孙膑慨然答应以木简刻写出来。

服侍孙膑的仆人诚儿，见孙膑无辜受害，反生怜悯之心。

一天，庞涓召见诚儿，问孙膑每天缮刻多少。诚儿答：孙将军两足不便，长眠短坐，每日只写两三策。庞涓大怒，说："如此迟慢，何日可完？你可与我加紧催促！"诚儿惶恐退出，遇一近侍，告及："军师要孙将军写书，又何必如此催迫？"那近侍小声告诉："你有所不知了，军师与孙君，外虽相好，心实相忌，目前使他苟延残命，不外欲得此兵书，到写完之时，会即绝其饮食了，你切不可泄漏风声！"

诚儿闻言大惊，心想军师竟是如此不义之人，回去将此话密告孙膑，孙膑才知底细，想此不义之人，岂可以传兵法？又想若不写，他必发怒，吾命将危在旦夕。左思右想，欲求脱身之计。忽然想起老师鬼谷子当日给的锦囊及吩咐的话："到至急时，方可开看。"遂将锦囊打开，乃黄绢一幅，上写着"诈疯魔"三字。"哦，原来如此！"孙膑叹了一声，倒轻松了许多。

晚上，饭送来了，孙膑正举着，忽然扑到地上，做呕吐状，一会又大声叫喊："你何以要毒害我？"跟着将饭盒推倒落地，把写过的木简，向火焚烧，口里喃喃谩骂，语无伦次。

诚儿不知是诈，慌忙奔告庞涓。 次日庞涓来看，见孙膑痰涎满面，伏地哈哈大笑，忽然又大哭。 庞涓问："兄长为何又笑又哭呢？"孙膑答："我笑魏王想害我命，而不知我有十万天兵保护；我哭的是魏国除我孙膑之外，无人可当大将。"说完，瞪眼盯住庞涓，复叩头不已，口叫："鬼谷先生，你救我一命吧！"庞涓说："我系庞某，休认错人了。"孙膑拉住其袍，不肯放手，乱叫："先生救我！"庞涓命左右将孙膑扯脱，才回府去。

庞涓回府，心中还疑惑，认为孙膑是诈癫扮傻，想试探其真假，乃命左右把孙膑拖入猪栏里，粪秽狼藉，臭不可闻，孙膑披头散发，若无其事地便倒身卧落屎尿中。 有人送来酒食，说是偷偷瞒过军师送来的，是哀怜先生之意。 孙膑心知这是庞涓玩的把戏，便怒目大骂："你又来毒我吗？"将酒食倾翻在地，使者顺手拾起猪屎及臭泥块给他，他却抢住送到口里吃了。 使者将情回报庞涓，庞涓说："他已真狂了，不足为虑矣。"从此对孙膑不加防范，任其出入，只派人跟踪而已。

孙膑这"疯子"行踪无定，早出晚归，仍以猪栏为室，有时整夜不归，睡在街边或荒屋中，在外时捡食污物，时笑时哭，没有人怀疑他是诈癫扮傻。

这时，墨翟云游到了齐国，住在大臣田忌家里，其弟子禽滑亦从魏国来，墨翟问他："孙膑在魏国得意与否？"禽滑遂将孙膑被削膝之事告之。 墨翟闻后惊骇，叹曰："我当日本欲荐他，今反而把他害惨了。"

于是，墨翟乃将孙膑之才，及庞涓妒忌之事，转告田忌，田忌又转奏齐威王，齐王以本国有如是之将才，见辱于别国，不只丢面而且是损失，便说："寡人即刻发兵迎孙膑回国！"

田忌却说："投鼠须忌器，孙膑既不见容于魏国，又怎容他回齐国呢？ 此事只可以智取，不可以硬碰！ 须如此如此，这般这般，密载以还，方保万全。"

威王用其谋，即令客卿淳于髡为使，禽滑装作随从，假以进茶为名，到魏国去相机行事。

淳于髡到了魏国见过惠王，致齐侯之命，惠王大喜，安顿淳于髡于迎宾馆住下，随从禽滑私下去找孙膑。 一晚，找到了，见孙膑靠坐在井栏边，对着禽滑瞪眼不语。 禽滑行近前，垂泪细声说："我是墨子的学生禽滑，老师已把你的冤屈告之齐王，齐王命我跟淳于髡假以进茶为词，实欲偷载你回齐国去，为你报此刖足之仇，你不必疑及其他。"好一会儿，孙膑才点头，流着泪说："唉，我以为今世永无此日了，今有此机会，敢不掬心相告。 但庞涓疑虑太甚了，恐怕不便偷带！"禽滑即答："这一层你可放心，我已计划好了，到起程时我会亲自相迎。"同时约好第二天碰头地点及时间才离开。

次日，淳于髡一行要回国了，魏王置酒相待，庞涓亦在长亭置酒饯行，但禽滑已先一夜把孙膑藏在温车里，叫随从王义穿起孙膑的衣服，披头散发，以稀泥涂面，装作孙膑模样在街上疯疯癫癫的，瞒过了盯梢的也瞒过了庞涓。

禽滑驱车速行，淳于髡押后，很快就把孙膑载回了齐国。 过了几天，那位假孙膑亦脱身回来。 跟踪的人但见孙膑的脏衣服散在河边，报告庞涓，都认为孙膑已投水死了，根本不疑他会回到齐国去。

孙膑秘密回国，仍不出名，不露面。 后来赵魏交战，孙膑以"围魏救赵"之计，大败庞涓。 韩魏之役，孙膑再以"增兵减灶"之计，诱敌深入，把庞涓射死于马陵道。

【心得精要】

假痴不癫是一种麻痹对手、待机而动的计谋。 需要注意的是，仅仅"假痴"远远不够，还要做到"不癫"才算是成功地施展此计。 这里所谓的"不癫"，就是要求自己能够时刻认识到"假痴"的最终目的，切勿舍本逐末。

第二十八计 上屋抽梯

上屋抽梯，也作"上楼去梯"，原意是引诱别人通过楼梯登上屋顶，然后撤掉梯子，断绝其退路，以迫使他服从。将此计运用到军事上，就是诱敌深入，断其援应，然后再歼灭敌人。由此可见，此计与第十九计"釜底抽薪"有相似之处。要抽梯，须先设梯。因此，此计的关键是如何诱敌上钩，使其中我所设计的圈套。

【计名探源】

关于"上屋抽梯"的谋略思想，两千多年前的大军事家孙武早就有深刻而充分的论述。《孙子兵法·九地》说："将军之事，静以幽，正以治，能愚士卒之耳目，使之无知；易其事，革其谋，使人无识；易其居，迂其途，使人不得虑。帅与之期，如登高而去其梯。帅与之深入诸侯之地，而发其机，焚舟破釜。若驱群羊，驱而往，驱而来，莫知所之。聚三军之众，投之于险，此将军之事也。"大意是说：作为一名将领，应当善于把自己的士卒置于险境、绝境，逼其不得不与敌人死战，为此甚至可以实行愚兵政策。

可以说，这种"上屋抽梯"的思想，是孙子的一贯主张。孙子认为，"兵之情……不得已则斗"，"凡为客（进攻）之道，深则专

（团结一致），浅则散"，所以"围地"要"塞其阙（缺口）"，"死地"要"示之以不活"。 他还说，"兵士甚陷则不惧，无所往则固（坚定），深入则拘（军心凝聚），不得已则斗"，"投之无所往"，就会变得有"（专）诸（曹）判（贵 guì）之勇"。 而"投之亡地然后存，陷之死地然后生"，则是他的一句千古名言。

　　但是，具体说到"上屋抽梯"的出典之处，应为《三国志》。据此书《诸葛亮传》记载，刘表的长子刘琦，对诸葛亮非常钦佩和敬重。 刘表由于受后妻蔡氏的影响，只爱他的小儿子刘琮，不喜欢刘琦。 刘琦感觉处境危险，几次想向诸葛亮请教自我保护的办法，但诸葛亮就是不愿介入他们家里的矛盾冲突，所以不肯为他出主意，每次都拒绝了。 于是，有一天，刘琦便邀请诸葛亮去后院游玩，一起登上了一座高楼，暗地里却让人把楼梯拿走了，然后对诸葛亮说："现在上不着天，下不着地，话从您嘴里说出来，进入我的耳朵，您总可以说了吧？"诸葛亮回答说："难道您不知道申生在内而危，重耳在外而安的故事吗？"刘琦一听，茅塞顿开，便暗中开始谋划去外边任职的事情。 不久之后，镇守江夏（今湖北新洲西）的黄祖在与孙权部将甘宁作战时阵亡，刘琦遂得以出任江夏太守。

　　诸葛亮所说的申生和重耳，是春秋时晋国献公的儿子，分别由齐姜和狐姬所生，都很贤能。 但是，献公在自己的众多姬妾中，独独宠爱年轻美丽的骊姬，而骊姬则想让她的儿子奚齐将来接班，为此她在献公面前百般诋毁申生和重耳。 后来，申生到底因为遭到骊姬的陷害而自杀身亡，重耳则由于逃到国外而得以活了下来。在国外，重耳经过了二十年的流亡生涯之后，终于回国当上了国君，而这位国君，就是日后赫赫有名的五霸之一晋文公。 由于刘琦与申生、重耳的处境相仿，所以诸葛亮才以他们的故事启发他。

【原典】

假之以便①，唆之使前②，断其援应，陷之死地。遇毒，位不当也。③

【精义】

借给敌人一些方便（即我故意暴露出一些破绽），以诱导敌人深入我方，乘机切断他的后援和前应，最终陷他于死地。

【读解】

"上屋抽梯"的核心意思是：将部队置于绝境，逼其死战。

从上面所引《孙子兵法》的有关论述可以看出，"上屋抽梯"实际上是对孙子"投之亡地然后存，陷之死地然后生"思想的形象表述。

实事求是地说，趋利避害、贪生怕死均为人之常情。古代战争，虽然有时也有正义与非正义之分，但更多情况下其实不过是诸侯之间、军阀之间的割据与混战，很难说谁就是正义的谁就是非正义的。俗话说"春秋无义战"，又说"胜者王侯败者寇"，就是对这种历史现实的客观论定。在这样的历史背景下，很难想象那些参战的士兵会有什么崇高的理想。此外，在很多情况下，士兵均系临时招募而来，将帅根本没有时间对他们进行思想政治教育，

---

① 假之以便：假，借。本句的意思是借给敌人一些方便。
② 唆之使前：唆，唆使，诱使。本句的意思是诱导敌人轻躁冒进深入我方埋伏。
③ 遇毒，位不当也：本句出自《易经》"噬嗑"卦。本句的意思是抢吃腊肉中了毒，贪利冒进反而陷入被动的意思。

有时甚至也没有时间对他们进行基本的军事技能训练。 在那样一种历史背景下，率领这种既没有什么崇高理想，又缺乏基本的教育和训练，并且士兵不可能不贪生怕死的部队作战，如果不运用一定的控御手段，要想打胜仗，是根本不可能的。 所以，以今天的眼光来看，孙子的"愚兵"思想是应当予以批判的，但在那个时代却是合理的；至于"上屋抽梯"，从本质上说则是古代将帅的一种御兵之术。

在《孙子兵法》里最早出现"去梯"之说。 《孙子兵法·九地篇》中说："帅与之期，如登高而去其梯。"这句话的意思是把自己的队伍置于有进无退之地，破釜沉舟，迫使士兵同敌人决一死战。 孙子曾强调将帅要"静、幽、正、治"，即在精神上沉着镇静、处变不惊，在战术上高深莫测、变化多端。 其中，孙子重点谈了"置之死地而后生"的战略。 孙子形象地将其比喻为"登高去梯"，也就是在踏入阵地后，要先断绝己方的一切退路，从而激发士卒的战斗力，使他们能够坚决服从命令，誓与敌人血战到底。

本计用于对敌时有三个要点：一、运用这条计策时，首先要用利去引诱敌人；二、在敌人觉得有利可图时，还要为其提供便利的机会，否则它还是可能不上钩。 所以要想"抽梯"，必须先放置楼梯，或者指示出楼梯所在。 只要敌人爬上了梯子，就不愁它不进己方事先设置的圈套；三、安放梯子时，还大有学问。 对性贪之敌，则以利诱之；对情骄之敌，则以示我方之弱以惑之；对莽撞无谋之敌，则设下埋伏以使其中计。 总之，要根据衡况，巧妙地安放梯子，诱敌中计。

【活学活用】

活学活用:刘邦白登被围

话说刘邦在击破韩王后，高歌猛进准备继续北伐一举消灭匈奴。 北方正逢隆冬，天气酷寒，刘邦得到情报匈奴单于栾提冒顿正驻扎在代谷，离自己不远，于是决定发动一场大规模攻势，不断派出特使侦察匈奴。

栾提冒顿知道刘邦已经扫平群雄，因此对西汉特使十分警惕，每当特使前来他就把精锐部队以及肥壮的战马全部藏匿，使西汉特使只看到老弱残兵及瘠瘦牲畜。 刘邦先后派出十次特使，十次特使都把所见到的假象据实呈报，刘邦以此初步判断匈奴不堪一击。但刘邦仍不放心，又派出曾经建议自己定都关中的娄敬前往做最后刺探。 然而娄敬还没有回报，刘邦就迫不及待地率领三十二万军队向北推进。 汉军前锋刚越过句注，娄敬回报刘邦说："我在匈奴那里看到的全是老弱残兵，匈奴的用意十分明显，他们就是要引诱我们攻击，然后用伏兵截断我们的退路。 我认为绝对不可采取军事行动。"这时大军正向前挺进，刘邦不耐烦地对娄敬咆哮道："你这个没死的齐国死囚，只靠游说当上将臣，今天又站在这里扰乱军心，散布失败谣言，朕焉能容你！"下令把娄敬囚禁在监狱。

刘邦根本没考虑娄敬的警告，他率领少数人马先来到平城，此时汉军主力仍在后面。 栾提冒顿闻讯大喜，立即调集全国精锐骑兵四十万，乘刘邦巡视平城附近的白登之时，突然率主力出现在刘邦面前，把白登围了个水泄不通。 匈奴围困了七日七夜，西汉先头军团完全孤立。 城中和城外消息中断，汉军主力找不到刘邦，刘邦也得不到救援，白登陷落就在旦夕。 最后关头刘邦采用陈平的诡计，派出秘密使节到匈奴大营进谏匈奴皇后，送上了贵重礼物，主要目的是希望皇后可以为自己说些好话。 皇后在栾提冒顿面前说："我们匈奴人世代骑马放牧，从来不会农耕定居。 现在我们就算抓住了汉朝皇帝，侵占了中国土地，也不能长久居住，而且中国皇帝有神灵保护，战与不战大王要三思而行！"栾提冒顿原来与刘邦的两个诸侯王内外勾结约定了造反日期，但是时间已到汉朝的内应还没有到，栾提冒顿正举棋不定，害怕汉军的援军到来里应外合自己处于不利，怀疑赵军跟西汉军之间可能有勾结，就让白登城一个城角的匈奴兵撤退。陈平见此机会命兵士使用强弓硬弩，射出一条退路，保护刘邦从解围的城角悄悄溜出。

刘邦回到平城，西汉军主力也陆续抵达，匈奴兵撤退回国。刘邦回到广武特赦了娄敬，把前面派出的十个特使全部处斩，封娄敬为二千户关内侯。

【心得精要】

"上屋抽梯"原意是诱人爬高楼，然后撤走梯子，使其进退无路，只得就范。此计用在军事上，是指利用小利引诱敌人，然后截断敌人援兵，以便将敌围歼的谋略。这种诱敌之计，自有其高明之处。敌人一般不是那么容易上当的，所以，你应该先给它安放好"梯子"，也就是故意给以方便。等敌人"上楼"，也就是进入已布好的"口袋"之后即可拆掉"梯子"围歼敌人。

上屋抽梯在经济领域的应用，也表现出奸诈的特点，如撕毁合同、撤走专家、撤走资金、拒绝贷款等。使你欲下不能，欲上无力。对方则趁机打劫，使别人蒙受损失，借此搞垮别人。

安放梯子，有很大学问，对性贪之敌，则以利诱之；对莽撞无谋之敌，则设下埋伏促使其中计。总之，要根据情况巧妙地安放梯子，使敌方中计。

第二十九计　树上开花

【本计旨要】

三十六计中的树上开花，是制造假象，迷惑敌人。树上本无花，经过精心伪装，就会看上去有花。用在军事上就是通过伪装使自己看起来十分强大。

在此计中，"树"指那些被借来张势的东西，它可能是别人的声势，别人的力量，也可能是客观的态势。因此，在我方还没有找到可以借的"花"时，不妨先借"树"。"树"是"花"的依傍，所以，首先要选择好"树"，其次要将"花"布置得巧妙一些。善于伪装，以达到以强隐弱的目的。

【计名探源】

"树上开花"一词语源不详。有一种说法认为其与"铁树开花"有关。明代王济《君子堂日询手镜》云："吴浙间尝有俗谚云，见事难成，则云须铁树开花。"铁树又名"苏铁"，生长非常缓慢，从幼苗到开花需要十几年甚至几十年。所以，人们常用"铁树开花"比喻事情极其难办。但是，有时也用以说明事情虽然难办，但毕竟如"铁树开花"一样办成了。

除《三十六计》外，"树上开花"还见于清代俞万春的小说《荡寇志》。该书第九十四回有这样一段文字："应元道：'前日卑职原说这点银子不够，此刻若回曹州，往返多日，不如想个树上开花的法子。 安抚衙内当案王孔目，卑职与他厮熟，太尊只需立纸文书与他，待结案时交付，岂不省一番急迫。'"不过，由于《三十六计》一书的面世时间无法确定，二者之间的渊源关系，同样无法论定。

【原典】

借局布势，力小势大。① 鸿渐于陆②，其羽可用为仪也③。

【精义】

军力弱小时，借助其他局面布下有利的阵势，使我方力量看起来充实而强大。就像鸿雁长了羽毛丰满的翅膀一样。

【读解】

在敌强我弱的形势下，为了创造和等待战机，防止被敌人吞并，便借别人的力量来虚张声势，示强于敌，造成敌人在判断上的错误，使之不敢贸然来战，并以此从心理上慑服敌人。 这就是树上开花的计谋。

古人评价这一计策时说："此树本无花，而树则可以有花，剪彩贴之，不细察者不易发，使花与树交相辉映，而成玲珑全局也。此盖布精兵于友军之阵，完其势以威敌也。"意思是指一棵树本来没有花，但我们可以给树添加上花。 裁剪彩花贴在树上，不仔细察看，则真假难辨。 最终花与树交相辉映，形成了巧妙的局面。

———————————

① 借局布势， 力小势大： 句意为借助某种局面 （或手段） 布成有利的阵势， 兵力弱小但可使阵势显出强大的样子。

② 鸿渐于陆： 鸿， 大雁。 渐， 进。

③ 仪： 仪表。

用假花冒充真花，可以取得乱真的效果，是因为战场上情况复杂，瞬息万变，指挥官很容易被假象所惑。 所以，善于制造假象，巧布迷魂阵，虚张声势，把自己的精兵安置在友军的阵营中，就可以造成强大的阵势以威吓敌人，直接慑服甚至击败敌人。 三国时甘宁亲率百人勇闯敌人大营，就是一个很好的例子。

三国中期，孙权、曹操在合肥对峙。 吴国大将甘宁请求孙权准许他夜里带一百名随从偷袭曹营，孙权应允。 甘宁出发前摆下酒宴动员将士，然后让他们每个人都在头盔上插一根白鹅翎，作为自己人的标志。 最后众人披甲上马，在半夜三更时分，向曹营杀去。 黑夜里，曹军根本不知道到底有多少兵马杀来，只好竞相奔逃。 甘宁与那百名士兵趁乱在曹军营中纵横驰骋，遇人就杀。 他们从北营门杀入后，很快就从南营门杀了出去，这时曹军甚至还来不及招架。 曹操担心这是对方的诱敌之计，生怕中了吴军的埋伏，就没有下令追击。 甘宁偷袭曹营一举成功，同去的一百名士兵个个丝毫未伤。

甘宁之所以能够偷袭成功的原因，就在于以强大的阵势威慑住了敌人。 所以树上开花一计的要点就是"布势"，即布下自己的阵势，给敌人造成心理震撼。 其实，此计很像"借鸡生蛋"。 光"开花"，只是好看，不能杀敌，没有实效。 要"生蛋"，给自己带来利益，才有实效。

【活学活用】

活学活用一：田单救齐

战国时，时任燕国大将的乐毅率领大军攻打齐国，连战连胜，齐国只剩下莒州和即墨这两座城了。 乐毅率领军队死死围住莒州和即墨，齐国拼死抵抗，燕军久攻不下。

这时，有人在燕王面前说："乐毅不是燕国人，很难判定是否是真心为了燕国，为什么两座城会耗时这么久？ 恐怕他是想自己当齐王吧。"燕昭王倒不怀疑乐毅对于燕国的忠诚，但是不久之后燕昭王去世，继位的惠王马上用名叫骑劫的大将去齐接替乐毅。乐毅知道惠王怀疑自己的忠诚，不得不逃回赵国老家。

齐国守将是非常有名的军事家田单，他深知骑劫根本不懂行军打仗，虽然燕军强大，只要计谋得当，一定可以击败燕军。

田单首先利用两国士兵迷信的心理借势。 他要求齐国军民每天饭前要拿食物到门前空地上祭祀祖先。 这样，乌鸦、麻雀就会成群结队地赶来争食。 城外燕军一看，感到不可思议，他们认为齐国有神师相助，连飞鸟每天都定时朝拜。 燕军之中人心惶惶，非常害怕。

随后，田单派人放风，说乐毅之所以久攻未果，就是因为他过于仁慈，齐国人根本不怕他。 如果燕军割下齐军俘虏的鼻子，齐人肯定会吓破胆。 骑劫觉得有道理，果然下令割下俘虏的鼻子，挖了城外齐人的坟墓，这样残暴的行为激起了齐国军民的义愤。

田单一边派人送信，大夸骑劫治军的才能，表示愿意投降，一边还派人装成富户，带着财宝偷偷出城投降燕军。 骑劫确信齐国丧失作战能力了，于是就傻傻地等待田单开城投降。

田单知道，齐军人数太少，即使进攻也难取胜。 于是他把城中的一千多头牛集中起来，在牛角上绑上尖刀，牛身上披上画有五颜六色、稀奇古怪图案的红色衣服，牛尾巴上绑一大把浸了油的麻苇。 另外，他选了五千名精壮士兵，穿上五色花衣，脸上绘得五颜六色，手持兵器，跟在牛的后面。

这天夜晚，田单命令把牛从新挖的城墙洞中放出，点燃麻苇，牛又惊又怒，直冲燕国军营。燕军根本没有防备，再说，这火牛阵势，谁也没有见过，一个个吓得魂飞天外，哪里能够还手。齐军五千勇士接着冲杀进来，燕军死伤无数。骑劫也在乱军中被杀，燕军一败涂地。齐军乘胜追击，收复七十余城，使齐国转危为安。

活学活用二：巧用义军灭隋朝

隋炀帝杨广，为了骗取其父皇杨坚的信任，装扮出孝悌恭俭的模样，被立为太子。直至杨坚重病不起，才暴露其争夺皇位的权欲，杨坚虽终于认清其真实面目，却为时已晚，弑父夺位的一幕无法避免地发生了。

同样，老谋深算的唐高祖李渊在隋末动荡的年月，为了达到其夺权建唐的目的，对炀帝也采取同一对策，为免遭炀帝的猜忌和迫害，终日"纵酒沉湎，纳贿以混其迹"，用表面的淡宁与无争来掩饰其宏大的政治志向和野心勃勃的政治权欲。

唐高祖李渊在处理和李密的关系时，便抓住对方的弱点，顺迎其意而谋远图。

隋末农民大起义中势力最强大的一支队伍是曾"威之所被半天下"的瓦岗军。这只义军在翟让、李密的领导下，活跃于以洛阳为中心的中原地区，沉重地打击了隋朝统治集团和士族地主。

出身大贵族家庭的李密在投身于瓦岗军之后，以勇敢善战，指挥有方和长于谋略，威望日增，很快获得了翟让的信任并逐步掌握了义军的大权。伴随李密大权独揽和志得意满后的所作所为，他与翟让之间的裂痕愈来愈深，最终导致他杀害翟让，独霸瓦岗军的最高领导权。

　　杀掉翟让后，李密自以为自己拥众百万，坐对敖仓，兵精粮足，又稳操瓦岗军领导大权，而隋炀帝也龟缩在江都不敢回中原，东都的隋朝兵力也不足为惧，遂有自矜之志。对部下不加体恤，不予赏赐，更排斥异己力量，致使义军内部人心不齐，组织涣散，而他却无视这些，个人的政治野心日益膨胀，妄自尊大，目空一切，以为未来天下之主非他莫属。

　　起兵于太原最终登上帝座的唐高祖李渊却不然，他冷静地审视着当时各派力量的消长，寻找有利的时机，消灭割据称雄而无远虑的对手，夺取天下。他对瓦岗军的力量非常重视，曾派人送信给李密，试图联络和利用这支队伍，以达到自己的目的。而李密却在复信中志气高扬，以天下为己任，称自己已为四海英雄推为盟主，望左提右挈，戮力同心，"执子婴（喻执代王）于咸阳，殪商辛（喻杀炀帝）于牧野"，表达了他欲彻底推翻隋朝统治的决心。信中提到要和李渊面结盟约，协力完成大业。

　　接到李密的信函，李渊认真地考虑如何处置，他以为，唐军正进军关中，若不此时与李密绝交，必然是新树一敌，于己不利，不如卑辞推奖，以骄其志，利用瓦岗军来守成皋之道，断绝与江都的交通，并借义军之力拦击东都的隋军，使之不能在唐入关后营救长安。趁李密骄矜不设备之机，专意西征，待占据关中后就能虎视天下，静观鹬蚌相争，坐收渔人之利。

　　李渊的考虑是以西取关中为首要大事的，这是他超出群雄之上的高超见解。因为，事关开国大业成败关键的正是能否拿下关中，选择关中作为首要攻取方向是非常明智的举措。就地理条件来说，这里有丰饶的物产资源，四塞之内，沃野千里，号称八百里秦川。东临黄河，三面环山，又处两关之间，因而是兵家必争之地。 历史上从西周至隋九个朝代都在关中长安建都，以关中作成就帝业的根据地，最终经营西方，统一中国，意义至为深远。 再者说，这里隋末兵力非常空虚，虽然身为国都，却因炀帝多次巡幸江都而带走京师精锐的军队作为护驾，从而削弱了关中的守卫力量。 而东都的守军又有绝大部分牵制在与瓦岗军、江淮义军及河北义军较量的战场上无余力顾及关中。 因此，李渊决定：当务之急是直取关中。

事实上，李密在辅佐杨玄感反隋时就曾劝他夺取关中，因未见采纳而放弃，杨玄感最终还是失败了。 而当李密主宰瓦岗军时，他的谋士柴孝和曾力劝他夺取长安，创业关中，李密却未能采用。 终于被李渊抢先一步，其政治远见和军事谋略当在李密之上。

李渊主意已定，立刻让记室温大雅以李渊的名义复书李密，对杀炀帝、执代王之说表示不敢从命，而申明自己"志在尊隋"，借以掩饰其夺取天下的鸿鹄之志。 随即大肆吹捧李密说，当今能为民之主者，非君莫属。 并自谦地说，老夫年逾五十，早已没有宏大志向，愿欣然拥戴大弟（指李密），以期攀鳞附翼。 唯愿大弟早登大位，以安天下，以宁兆庶。 李密得书之后，喜出望外，对将佐们说，唐公如此推戴，天下平定是指日可待之事。 从此，李密终日陶醉在得意之中，计划着攻下东都后称帝，所以专意对付东都隋军，无心外略。 不仅放过李渊，使他从容地进取关中，甚至还帮助李渊牵制隋军，为关中营建一道安全的屏障。

李渊所采用的就是推奖助骄树上开花的谋略，以谦卑的言辞哄骗李密，使他在自鸣得意的昏昏然中放弃对李渊的防备，使李渊轻而易举地进取关中，奠定了基业，再回过头来对付李密。 李密如梦方醒，为时已晚，被迫归降。

【心得精要】

用于军事上，树上开花和偷梁换柱一样，都是和友军作战时控制友军并歼击敌军的战略。 偷梁换柱是以自己的精锐之师安插在友军的梁柱部位，以操纵友军，并兼并友军。 树上开花，是"布精兵于友军之阵，完其势以威敌也"，是以友军为树为枝，以我军为花朵，即以友军为梁为柱，我军为辅为助，以友军之主力破敌，消耗友军实力，而保存了我军实力，是一箭双雕之计。

第三十计　反客为主

【本计旨要】

反客为主，是争主动地位，是斗争的一个最高原则。能主动就可控制大局，被动则始终任人摆布。在敌优我劣的情况下，无论如何都要想办法取得主动权，没有主动权，就不会胜利。

武术有所谓"擒拿"与"反擒拿"之术，正说明了主客之势的反复争夺，目的无非争取控制权，只要占得了上风，就可以凭自己的意志去改变环境。

【计名探源】

"反客为主"一词，除《三十六计》外，还见于明代著名古典小说《三国演义》第七十一回《占对山黄忠逸待劳　据汉水赵云寡胜众》："（法）正曰：'（夏侯）渊为人轻躁，恃勇少谋。可激劝士卒，拔寨前进，步步为营，诱渊来战而擒之：此乃反客为主之法。'"黄忠用法正之谋，果然一战斩夏侯渊，为刘备夺取汉中奠定了基础。这段史实，《三国志·蜀书》之《法正传》和《黄忠传》均有简略记载，其中虽然并无法正教黄忠使用"反客为主"之计的内容，但黄忠一战而斩夏侯渊却是事实，并可以看出他用的正是"反客为主"之计。

《法正传》载："（建安）二十四年（219年），先主自阳平（在进陕西勉县西白马河入汉水处）南渡沔水，缘山稍前，于定军

（今陕西勉县南）、兴势（今陕西洋县北）作营。渊将兵来争其地。（法）正曰：'可击矣。'先主命黄忠乘高鼓噪攻之，大破渊军，渊等授首。"

《黄忠传》载："建安二十四年，于汉中定军山击夏侯渊。渊众甚精，忠推锋必进，劝率士卒，金鼓振天，欢声动谷，一战斩渊，渊军大败。"

从《三十六计》对于"反客为主"之计的解释看，此计主要是用来对付盟友的，而从上述《三国演义》的描写看，此计则主要是用来对付敌人的。如何将"反客为主"之计用来对付盟友，除《三十六计》外，从理论上进行阐述者很少，但在实践中运用自如者却并不鲜见。即以三国这段历史而言，其中发生的"反客为主"的故事就不少。例如，袁绍初起时，曾成功地运用此计挤走了韩馥，夺取了冀州；吕布为曹操击败后，投靠了控有徐州的刘备，但却又用此计袭取徐州；刘备先依曹操，后依袁绍，再依刘表，最后靠此计夺取了刘璋的益州；至于曹操，则实际上是运用此计控制了东汉末年的小朝廷，"反客为主"，成为实际上的皇帝。

【原典】

乘隙插足，扼其主机①，渐之进也②。

【精义】

把握时机插足进去，设法掌握其关键，逐步推进，争取主动以

---

① 乘隙插足，扼其主机：把准时机插足进去，掌握他的要害关节之处。
② 渐之进也：语出《易经·渐》卦。本卦《象》辞："渐之进也。"渐就是渐进的意思。此计运用此理，是说乘隙插足，扼其主机。《易经·渐》卦上说的就是这个意思，要循序渐进。

巩固自己的地位。

【读解】

"反客为主"之计的核心意思是：瞅准机会插进足去，以渐进的方式改变自己与盟友或敌人间原有的"客""主"关系。

实施反客为主的关键在于准确掌握"隙"和"主机"。"隙"，即俗语讲的"空子"，相对"主机"而言，隙是一种狭小的机会，有如千里之堤上的一个小小蚁穴。"乘隙插足"时要有耐心，堤上的蚁穴看似小，但数量多。一个蚁穴的蚂蚁，会慢慢繁殖出更多的蚂蚁，然后建成更多的蚁穴，在蚁穴多到足够毁灭河堤之时，就是"主机"来临之际。"千里之堤，毁于蚁穴"就是反客为主之计的真谛所在。

反客为主之中包含以下几种含义：一是喧宾夺主，即外来之客抢占主人的位置；二是先发制人，抢占主动权；三是转攻为守，在侵略战争中，一般而言攻方为客守方为主，客方远道而来，旅途劳乏，而对方以逸待劳，此时若客方积极进攻就犯了兵家大忌，所以即便是来抢地盘的，也不妨变攻为守，让对方先失耐心，然后再在其烦躁之际，一举攻之，定能大胜。

战争中敌我双方构成的"客主"关系，从一般意义上说进攻的一方为"客"而防守的一方为"主"。前面已经说到，进攻的一方往往由于需要远离本土作战，后勤保障困难，士兵容易疲惫，战场环境不熟悉，所以容易陷入被动；而防守的一方则一般不存在这些问题，所以容易掌握主动。基于这样的情况，为"客"的一方就必须设法变成为"主"的一方，实际上也就是要变被动为主动。因为，对于一支军队来说，战场上的主动权其实也就是它的自由权，乃至于生存权。正是基于这一原因，唐太宗李世民才说《孙子兵法》"千章万句,不出乎'致人而不致于人'而已"。 毛泽东则说:"行动自由是军队的命脉,失去了这种自由,军队就接近于被打败或被消灭……为此缘故,战争双方,都力争主动,力避被动。"从这个意义上看,战场上的"反客为主"其实就是一个如何变被动为主动的问题。

所谓欲速则不达,反客为主一计看似耗费时间,但却无往不利,屡试不败,因此古今之大军事家都对其青睐有加。

【活学活用】

活学活用一:蔺相如完璧归赵

蔺相如是战国时期著名的政治家、外交家、军事家。 在他任赵国上卿期间,赵惠文王得到一块和氏璧,价值连城。 秦昭襄王很想将其纳入囊中,于是派人前往赵国,说秦国愿以西阳十五城换得和氏璧。 秦国当时势力很大,赵王虽然不愿换,但又害怕得罪秦国,惹来战争,便派机智的蔺相如带着和氏璧前往秦国,以璧换城。

秦王见了和氏璧,爱不释手,与大臣和妃嫔们争相传看,却绝口不提割让十五城给赵国的事情。 蔺相如看出秦王不愿给城,便撒谎说和氏璧有一点瑕疵,要指给秦王看。 于是,秦王将和氏璧拿给了蔺相如。 蔺相如接璧后,说:"秦国以十五城换和氏璧,我们国君本不愿交换,但秦国是强国,我们只得如此。 来秦国之前,我们国君斋戒五日才将和氏璧交付到我手中,以示对秦王的敬重。 而秦王您,却如此亵渎和氏璧,把它当作赏玩之物到处传看,而且压根不提交付十五城的事情。 赵国虽势力不如秦国,但也无法容忍这般无礼地羞辱我们的君王。 大王您如果真的想得到和氏璧，就像我们的君王那样斋戒五日，再取和氏璧吧。 若强行掠夺，我就与这和氏璧同归于尽。"说完，他举起和氏璧就朝柱子撞去。 秦王连忙命人拉住蔺相如，答应斋戒五日受璧。

蔺相如回到住地，立即令随从乔装成老百姓，带着和氏璧偷偷返回赵国。 五天后，秦王让蔺相如交出和氏璧。 蔺相如答道："秦国向来说话不算数，我害怕被骗，所以三天前就让人把和氏璧送回赵国了。 秦王若真的想得到和氏璧，那就先割让十五城给赵国，赵国绝不会失信，也不敢得罪秦国。 如果我国得到十五城而不交出和氏璧，就请秦王杀了我。"秦王见蔺相如如此镇定自若，句句在理，而且和氏璧也不在他身上，只好放蔺相如返回赵国。

这个故事中，蔺相如若有丝毫的犹豫，都会使赵国失去和氏璧而得不到秦国十五城。 蔺相如识破秦王的诡计后，凭借自己的聪明才智，暗地里将和氏璧送回赵国，从而化被动为主动，反客为主，终于不负使命，完璧归赵。

活学活用二：李密篡权

翟让是隋朝末年的风云人物，他是瓦岗军的创始人和早期领导者，对消灭隋朝的反动统治起到过积极作用。 翟让原本是隋朝东郡的一个小官吏，因触犯了刑律被判处死刑关在狱中，因为平时得人心，在狱卒帮助下成功逃跑。 翟让逃回家乡后受到通缉，于是在隋炀帝大业十二年（616 年），翟让组织本地农民发动反隋起义。 他们以瓦岗寨为根据地，故称瓦岗军。 瓦岗寨的地理位置很理想，他们靠近运河和官府的粮仓，经常攻打运河中官府的粮船解决自己的给养问题。 由于有巩固的后方，瓦岗军的力量迅速壮大，成为当时最有影响的农民武装。 但是翟让在队伍建设上犯了错误，引入了一条最终要了他命的毒蛇，这条毒蛇就是李密。

李密是隋朝的大贵族，他的祖父李耀是北周的邢国公，他的父亲李宽骁勇善战才略过人，在隋朝官至柱国，封蒲山郡公，为一代名将。 613 年，李密参与了杨玄感于黎阳的反隋起兵。 后来杨玄感失败，李密逃亡。 616 年，李密加入瓦岗军。 李密军令严肃赏赐优厚，很会收买人心，士卒们都乐意为他效力。 公平地说，李密的战术素养也很高，在他的建议下，瓦岗军袭取了兴洛仓，并开仓放粮赈济灾民，获得了很好的声誉，义军的影响不断扩大。 瓦岗军有数十万之众，控制了中原广大地区，达到了鼎盛时期。 在他的领导下，瓦岗军还公开宣布了隋炀帝的十大罪状，明确表示了要推翻隋炀帝政权。 和翟让相比，李密出身贵族，他见惯了政坛的风云变幻，长于权术谋略，逐步在瓦岗军内部形成自己的势力。而且由于李密在作战中所发挥的作用较大，其威望也就越来越高，翟让主动把义军领导权让给了李密，这最终埋下了两人日后反目的种子。

翟让有一个哥哥叫翟弘，他是一个粗人，并不懂什么政局，只知道原来属于自己家的最高领导权现在改主了。 他经常在各种场合都不回避这个话题，李密对此也有耳闻。 之后翟让的部将王儒信劝翟让自封为大冢宰，总领山寨事务，夺回被李密拿走的权力。翟弘越来越不满地说："天子只能自己坐，怎么能让给别人？ 你不想当皇帝，可以由我来当，为什么把我们翟家的富贵拱手送人？"李密得知了这次谈话，开始考虑如何解决这个纷争。

经过数年的苦心经营，李密在山上初步建立了自己的队伍，因此有一天他和房彦藻、邢义期、郑颋三个人谈话，这三个人都劝李密除掉翟让。 李密说："当初我被通缉，是他接纳了我，现在我突然下手害了他，别人会说我的坏话。"郑颋说："被毒蛇蜇了手，壮士就要砍断自己的手腕，防止毒性蔓延，这才像英雄所为，不能只顾小名，贪图虚名只能受害。"房彦藻也说道："正是因为他迟疑不决，你才能拿到最高领导权，现在他要收权，你就不能再迟疑了。"于是第二天李密宴请翟让，在酒席之间杀害了翟让，之后清除了他的同党和亲属，独揽大权。

【心得精要】

反客为主这一计，需要的是耐心和小心。因为反客为主是渐进的计谋，不会很快见效，所以对施计人的耐心有严格的要求。小心有两层含义：一是在态度层面，施计人要赔尽小心，和主人保持亲密的关系，为暗中的挖角行动进行掩护；另一层意思是反客为主的行动要小心，动机不能暴露，行动要隐秘。这也是"阴谋"中的"阴"字所固有的含义。

第六套　败战计

第三十一计　美人计

【本计旨要】

美人计是用女色诱惑敌人，使敌人贪图安逸享受，斗志衰退，从而造成内部分崩离析，继而一举歼灭的策略。　这一计策，不能只从字面理解，还要理解为通过敌人可以信赖的人和事，来左右敌方，使敌方斗志涣散，意志消退，从而一举战胜对方。

使用美人计，绝不会受时间空间限制，正所谓衽席为战场，脂粉作甲胄，盼睐是枪矛，嚬笑似弓刀。　有于战场上取上将之首级者，有于国会夺元首之魂者，有父凭女贵，兄凭妹贵，甚至有甘戴绿帽而夫凭妻贵者。　此计既可诱惑敌人，亦可作向上爬的阶梯，只是看怎样施计而行。

【计名探源】

"美人计"，语源《六韬》。　《六韬》系成书于战国时期而假托姜太公的一部古典兵书。　此书《武韬·文伐》将"美人计"作为"文伐"十二法之一："辅其淫乐，以广其志。　厚赂珠玉，娱以美人。　……养其乱臣以迷之，进美女淫声（即靡靡之音）以惑之，遗（送）良犬马以劳之，时与大势以诱之，上察而与天下图之。"此后，唐代李筌所著《太白阴经·术有阴谋篇》也论及"美人计"的问题，明确指出："用计谋者……遗（赠送）之美好，使荧（迷惑）其志……淫之以色，攻之以利，娱之以乐，养之以味……令君子在野，小人在位，急令暴政，人不堪命。"如此则"其君可虏，其国可隳"。 使用"美人计"的事例，在中国出现很早。

春秋时吴越之战，越王勾践先败于吴王夫差。 夫差罚勾践夫妇在吴王宫里服劳役，借以羞辱他。 而勾践忍辱负重，在夫差面前卑躬屈膝、百般逢迎，终于骗取了夫差的信任，回到了越国。 勾践被释回越国之后，卧薪尝胆，不忘雪耻。 但吴国强大，靠武力，越国根本不能取胜。 越大夫文种向勾践献上一计："高飞之鸟，死于美食；深泉之鱼，死于芳饵。 要想复国雪耻，应投其所好，衰其斗志，这样，可置夫差于死地。"勾践听从文种之计，挑选了两名绝代佳人——西施和郑旦，送给夫差并年年向吴王进献珍奇珠宝。 吴国大夫伍子胥劝吴王道："夏因妹喜而亡，商因妲己而亡，周因褒姒而亡。 美女乃亡国之物，大王万万不可收下！"吴王哪里听得进去，留西施、郑旦于宫中。 因西施貌美与聪明兼备，赢得了吴王的专宠。 吴王从此以西施所在的姑苏台为家，每日声色犬马，乐此不疲。

夫差贪恋女色，一天比一天厉害，根本不想过问政事。 伍子胥力谏无效，反被逼自尽。 前482年，吴国大旱，勾践乘夫差北上会盟之时，突出奇兵伐吴，吴国终于被越所灭，夫差也只能一死了之。

一般而言，国家的衰亡有其深刻的政治经济根源，并非一两个美女所能左右，因此，笼统地说"女人是亡国的祸水"，当然是片面的。 但是，不能否认的是美人计作为一种谋略，它的作用又是不可忽略，甚至是功绩显著的。

【原典】

兵强者，攻其将；将智者，伐其情①。 将弱兵颓，其势自萎。

---

① 将智者，伐其情：将智者，指足智多谋的将帅。 伐其情：即从感情上加以进攻、软化，抓住敌方思想意志的弱点加以攻击。 《六韬·文伐》中就主张以乱臣、美女、犬马等手段攻其心，摧毁其意志上的屏障。

利用御寇，顺相保也①。

【精义】

对拥有强大兵力的敌人，应当攻击他的将帅，对拥有智谋的将帅，应当打击他的情绪。将帅被打倒了，士兵都颓废了，他们的士气自然就萎靡不振了。利用敌方的缺点，以己方的优势相攻，自然能够保全自己。

【读解】

"美人计"的核心意思是：利用人性的弱点，以美色迷惑、腐蚀并最终战胜对手。

人从生下来之后，就自然被赋予了两种最基本的欲望，即食欲和性欲。其中，食欲是为了维持并延续个体的生命，而性欲则是为了维持并延续整个种族的生命。所以，就连圣人孔子也说"食、色，性也"。"英雄"所以"难过美人关"，原因正在这里。在食欲和色欲之外，人当然还有其他各种欲望，如表现欲、控制欲、占有欲、支配欲等等。正因有着如此多的欲望，人们才不仅喜欢和追求美食与美色，而且还喜欢并追求金钱财宝、华裳美服、高官显爵等。但是，所有这些欲望，其实都不过是食欲与色欲的延伸而已。

问题在于，人的这些本性，其实同时也是自身的弱点。因为人在追求食、色的时候，往往是没有餍足的。陈毅元帅《手莫伸》诗云："岂不爱权位，权位高高耸山岳。岂不爱粉黛，爱河

---

① 利用御寇，顺相保也：语见《易·渐象》："……利用御寇，顺相保也。"御：抵御。寇：敌人。顺：顺利，顺势。保：保存。全句意为：此计可用来瓦解敌人，顺利保存自己。

饮尽犹饥渴……"这些，其实说的都是实话。 所以，人必须自律。 但是，古今中外又有多少人能管住自己？ 于是，人本性上的这些弱点，便成为自己的对手以及其他一些别有用心的人可资利用的基础，而"美人计"也就可以屡屡得手。

英雄难过美人关，说的就是在战场上叱咤风云的英雄，大多在面对美人时却只能缴械投降。 英雄不畏惧战争，因为英雄似乎就是为战争所生，但英雄畏惧美女，当至刚的英雄遇见至柔的美女时，英雄的刚性似乎就没有了用武之地。 就像太极中的四两拨千斤之术，美人计用的就是以柔克刚之理。 由此推而广之，英雄尚且如此，况匹夫乎？ 明眸善睐、唇红齿白的美女能于顾盼生姿间，俘获万千众人心。 当"回眸一笑百媚生"的佳丽前来投怀送抱时，有几人能有柳下惠坐怀不乱之定力？ 所以美人计的用途虽谈不上战无不克，但成功率之高也是令人赞叹不已的。

当然，美人计不一定非要用在敌我两方对阵的战场上，也可以运用在其他场合。 如西汉李延年当年为赢得汉武帝的注意，曾作《北方有佳人》一诗，诗曰："北方有佳人，绝世而独立。 一顾倾人城，再顾倾人国。 宁不知倾人与倾国？ 佳人难再得！"其中的佳人说的就是李延年的妹妹。 而正是凭着这位佳人妹妹，李延年才能得宠于汉武帝，从一名低贱的倡者摇身一变成了皇亲国戚，李家也从此显赫起来，这招美人计用的可谓适宜。

【活学活用】

活学活用一：洪德献美女替父赎罪

周幽王时，大夫褒珦因直言进谏，惹怒幽王，被囚于京城狱中。 褒珦全家想方设法搭救褒珦，但均未奏效。

一次，褒珦的儿子洪德外出收税来到乡间，碰巧遇到褒姒在门外汲水，洪德惊叹道："这里乃穷乡僻壤，竟然有如此绝色的美女！"他向当地人打听了褒姒的身世。原来是周幽王时的一个宫女所生，出生后被扔到宫外河中，后被来到褒地的好心人抚养成人。

洪德回家后对母亲说："当今天子荒淫无道，尽选四方美色，以补充后宫，我今天遇到一个名叫褒姒的女子。此女长得国色天姿，如果将她买来献给幽王，父亲定能出狱归家。"母亲从洪德之言。于是，洪德又去乡间，用布帛三百尺把褒姒换了出来。洪德让她香汤沐浴，吃山珍海味，穿丝绸锦缎，然后带她进京。洪德买通宫中的红人，求他向幽王转奏说："褒珦目无君上，罪不容诛。今有褒珦的儿子洪德献美女褒姒，以赎父罪。"幽王闻奏，立即宣褒姒上殿。幽王见褒姒娇艳非常，光彩照人，心中大喜，立即留褒姒于宫中，并降旨赦褒珦出狱，恢复其官爵。

正是这个褒姒，使得周幽王日夜享乐，荒废了朝政。为博得她的一笑，周幽王竟上演出烽火戏诸侯的闹剧。在诸侯不来救驾的情况下，西戎人杀死了周幽王，灭了西周。

活学活用二：陈平计解白登之围

汉朝初，匈奴的冒顿单于带领四十万人马包围了韩王姬信的封地马邑。姬信无法突围只得投降，并勾结冒顿单于，兴兵作战，盘踞晋阳、代州等地，扰犯边疆。

前200年，汉高祖刘邦亲率大军征讨匈奴。刘邦求胜心切，中了敌人的埋伏，被困在白登山。到了第四天，被困汉军的粮草越来越少，刘邦君臣急得就像热锅上的蚂蚁。谋士陈平灵机一动，想出了一条计策。

在得到刘邦允许之后，陈平派一名使者带着一批珍宝和一幅画像秘密会见了冒顿单于的夫人阏氏。 使者对阏氏说："这些珍宝是大汉皇帝送给您的，请您务必收下。"使者又献上画像，说道："大汉皇帝怕单于不答应讲和的要求，准备把中原的第一美人献给他。 这是她的画像，请您先过目。"阏氏接过来一看，见画像上的女子果真是一个貌似天仙的美女，眉似初春柳叶，脸如三月桃花；玉纤纤葱枝手，一捻捻杨柳腰。 阏氏心想，如果丈夫得到了她，还有心思宠爱自己吗？ 于是，阏氏说："珍宝留下吧，美女就用不着了，我请单于退兵就是了。"阏氏扫发走了汉军使者后，立即去见单于，她说："听说汉朝的援军就要到了，到那时我们就被动了。 不如现在接受汉朝皇帝的讲和要求吧。"单于经反复考虑，觉得夫人的话很有道理。 后来，双方的代表经过多次谈判，终于达到了协议。

陈平的美人计妙就妙在根本没有美女，但同样收到了良好的效果。

【心得精要】

"美人计"是在战争中，实施军事目的的一种辅助手段，绝非人人见效，只对于意志放荡者有奇效。 中计者往往是好色之徒。

"美人计"是腐朽的，但是作为计谋是现实的。 古往今来，总有奇效。 所谓"英雄难过美人关"，在现代战争中，直接给敌方统帅送一美女的事太罕见了，但作为一种计谋却不断地花样翻新。 多以性爱诱惑对方，以姿色迷惑对手，而且男女不分，都可以充当美人计的角色。

第三十二计　空城计

【本计旨要】

在敌强我弱，形势突然紧急，间不容发的情况下，为了使敌人的攻势停止或落空，以争取寻找机会的时间，便把本来空虚的实力，故意公开地用更加空虚的形式表现出来，使人对这种夸大了的公开情况发生怀疑，并做出相反的判断，因而不敢贸然采取行动。这是一种疑敌缓兵的心理战谋略。

【计名探源】

语源不可考。历史上以"空城计"退兵的不少，最早的是春秋战国时期郑国以"空城计"智退楚军的历史记载，但其影响远远不如孔明的空城计。

罗贯中《三国演义》第九十五回"马谡拒谏失街亭，武侯弹琴退仲达"中，诸葛亮设空城计，吓退司马懿大军的故事是最为典型的。诸葛亮屯兵于阳平，把部队都派去攻打魏军了，只留少数老弱残兵在城中。忽然听到魏军大都督司马懿率十五万大军来攻城。诸葛亮临危不惧，传令大开城门，还派人去城门口洒扫。诸葛亮自己则登上城楼，端坐弹琴，态度从容，琴声不乱。司马懿来到城前，见此情形，心生疑窦，怕城中有伏兵，因此不敢贸然进攻，便下令退兵。此故事在民间盛传，民间艺人多用"空城计"之名来演绎此故事。

【原典】

虚者虚之，疑中生疑；① 刚柔之际②，奇而复奇③。

【精义】

本来兵力空虚却故意显示出不加防守的样子，让敌人难以揣摩、疑惑更深。在敌众我寡的情况下，这一用兵策略就显得更加奇妙莫测。

【读解】

本计讲求虚中有实，实中有虚，虚实结合，方能使对方疑云重重，不能轻易判明我方情况，将"兵不厌诈"发挥到极致。 正所谓真真假假，假假真真，真中有假，假中有真，真假难辨，以此诱惑敌方，借以保全自身。 譬如明明为空城，不用伪装，本是真，但以空城示人，即以真示人，此真在对方眼中反而变成了真假难料，由此产生怀疑，不敢贸然进攻，从而使用计者赢得时机，得以逃脱。 此计之妙，就妙在虚实难以料定，在虚实不定之时，自然不敢轻易进攻。

空城计的核心就是虚虚实实，示之无形。 它通过虚实变化，造成错觉，使敌人不辨虚实，不知真相，以达到出奇制胜的目的。

---

① 虚者虚之，疑中生疑：本句的第一个 "虚" 是形容词，意思是 "空虚的"，第二个 "虚" 是动词，意思是 "让它空虚"。 疑，可疑的事情。 全句的意思是空虚的就让它空虚，使它在疑惑中产生更多的疑惑。

② 刚柔之际：本句出自 《易经》 "解" 卦。 解卦的结构是坎下震上。 上卦为震卦代表雷， 下卦为坎卦代表雨。 雷雨交加， 万物因之滋润萌生。 解字的本意是缓解。 刚柔之际的意思是刚柔相互交汇。

③ 奇：出奇制胜。

当然，虽为败战之计，并非是说在敌我双方势均力敌之时便不可用，正因此计虚实难辨，所以用处颇广。 战斗中，己方军势较强，硬拼之下也存胜算时，为将胜利的代价降至最低，空城计也是一个不错的选择。 使用空城计，能达到诱敌深入，聚而歼之的效果，颇有请君入瓮之意。 将敌人诱至我方地盘，然后就可以任我宰割，这是用较小的牺牲，换来较大的胜利。

空城计的使用原本就是不得已而为之，因此本计的使用基本上要考虑到作战时的被动局面。 施计的首要前提是勇气，因为如果敌人一旦不管不顾地进行攻击，你恐怕要束手就擒。 其次是理智，这表现为三个层面：首先是意识到别无他法，死马要当活马医；其次是要平静心态，以松弛的神经把空城计演得漂亮。 要知道你一紧张，就意味着你可能没命了。 最后也是最重要的是要对对手的内心进行理性的分析，确定对手是否会被故弄玄虚所迷惑。

【活学活用】

活学活用一：赵云的空营记

建安二十四年（219 年）三月，曹操得知大将夏侯渊战死定军山（今陕西省勉县南）、汉中被蜀汉夺取的消息以后，便亲自率领大军从长安南下，打算重新从刘备手里夺回汉中。

刘备夺取汉中以后，知道曹操不会善罢甘休，便做好了迎战曹操的准备。 他收拢人马，占据山险要地，深沟高垒，以待曹军。曹操进入汉中，见刘备坚守不出，料到不能速战速决，只得派出部队赶运粮草，等待作战的时机。 蜀将黄忠得知曹军有大批粮食堆积在北山脚下，便率领一支人马前去夺粮。 黄忠出营很久，还不见回来。 大将赵云有些放心不下，便带着几十名骑兵出营打探。行走之间，突然与大队曹兵遭遇。 跟随的人个个提心吊胆，可是赵云却毫不惊慌。他镇定地观察了曹军的阵势后，对身边的随从人员大声喝道："跟我冲上去！"走在前面的曹军遭到突然袭击，一下子慌了手脚，急忙后退。等到定下神来仔细观察，才发现蜀军只有区区几十人，便又上前厮杀。赵云边战边退，竟安然无事地退回营中。回营后，赵云发现部将张著陷入重围，便又转身大战，将张著接应回营。此时，曹军已追到蜀营门前，守营的蜀将张翼慌忙下令关闭营门。赵云却摆手制止，令人大开营门，偃旗息鼓，自己匹马单枪，立于营门之外。曹军一看这个阵势，就觉得蜀军一定设有伏兵。他们担心中了蜀军的埋伏，连忙后撤。就在曹兵急急忙忙后撤的时候，赵云营中擂鼓呐喊，强弩硬弓一齐发射。一时间鼓声震天，杀声动地，飞矢如蝗，箭如雨下。曹军以为蜀军追出营来，不由得心慌意乱，哪敢回头仔细看一眼？只是争先恐后地逃跑。败兵"自相蹂践"死伤无数，辎重器械扔得满地都是，"坠汉水中死者甚多"。与此相反，蜀军几乎无一伤亡，取得了意想不到的胜利。第二天，刘备得知胜利的消息，十分高兴，亲自到赵云营中慰问。他听了战况的介绍，并亲自视察了作战现场。过后，刘备以十分钦佩的口吻赞扬说："子龙（赵云字子龙）一身都是胆啊！""作乐饮宴至暝，军中号云为虎威将军。"

此后不久，曹操便被迫撤兵，放弃了汉中。

活学活用二：空城计

诸葛亮首次伐魏，失利街亭，不得不另行安排。

司马懿占街亭后，召集众将。他对郭淮说："今街亭已失，诸葛亮必走。公可速与子丹星夜追之。"郭淮接令，出城而去。

司马懿又对张都说："汝可从小路抄箕谷退兵。吾自引兵当斜谷之兵。若彼败走，不可抗拒，只宜中途截住，蜀兵辎重，可尽得也。"

张部受计，引兵一半去了。

司马懿下令："竟取斜谷，由西城而进。 西城虽山僻小县，乃蜀兵囤粮之所，又是南安、天水、安定三郡总路。 若得此城，三郡可复矣。"

于是司马懿留申耽、申仪守列柳城，自领大军往斜谷进发。

而此时，诸葛亮分拨已定，先引五千兵退去西城县搬运粮草。忽然十余次飞马来报，说司马懿引大军十五万，往西城蜂拥而来！

当时诸葛亮身边别无大将，只有一班文官，所引五千人马，已分一半先运粮草去了，只剩两千五百人在城中。 众官听到这个消息，尽皆失色。 诸葛亮登城望之，果然尘土冲天，魏兵分两路往西城县杀来。

诸葛亮传令："将旌旗尽皆隐匿；诸军各守城铺，如有妄行出人，及高声大语者，斩之！ 大开四门，每一门用二十名军士，扮作百姓，洒扫街道。 如魏兵到时，不可擅动，吾自有计。"诸葛亮于是披鹤氅，戴纶巾，引两小童携琴一张，于城上敌楼前，凭栏而坐，焚香操琴。

司马懿前军哨到城下，见了如此模样，皆不敢进，急报与司马懿。 司马懿笑而不信，于是止住三军，自己飞马远望。 果见诸葛亮坐于城楼之上，笑容可掬，焚香操琴。 左有一童子，手捧宝剑；右有一童子，手执麈尾。 城门中外，只有二十余名百姓，低头洒扫。

司马懿看毕大疑，便令军中，叫后军作前军，前军作后军，往北山路而退。

次子司马昭说："莫非诸葛亮无军，故作此态？ 父亲何故便退兵？"

司马懿说："诸葛亮平生谨慎，不曾弄险。 今日大开城门，必有埋伏。 我兵若进，中其计也。 汝辈岂知？ 赶紧撤退。"

于是司马懿率领两路兵退去。 诸葛亮见魏军远去，抚掌而笑。

手下众官无不骇然，问诸葛亮："司马懿是魏国名将，今统十五万精兵到此，见了丞相，便速退去，何也？"

诸葛亮说："此人料吾生平谨慎，必不弄险；见如此模样，疑有伏兵，所以退去。 吾非行险，盖因不得已而用之。 此人必引军投山北小路去也。 吾已令关兴、张苞二人在彼等候。"

众人都惊服道："丞相之机，神鬼莫测。 如果依照我们这些人的意见，一定弃城而逃走了。"

诸葛亮说："我军只有两千五百人，如果弃城而走，一定不能远遁，难道还不被司马懿所擒吗？"

空城计可以说是诸葛亮首次伐魏谋略上的一步铤而走险的绝棋，它是失街亭后的直接后果。 尽管是步绝棋，诸葛亮善于用智玩险，险中取胜，也成为千古美谈。

在这里，诸葛亮的成功在于，他首先抓住了司马懿多疑的本性，故布疑阵，让司马懿疑中计，不得不退兵保全；其次是诸葛亮一生谨慎，在外人看来，不可能自己守一座空城；最后是诸葛亮沉着、冷静、临危不乱，琴声有道。 这使人感觉到诸葛亮心中有数，就连老谋深算的司马懿也不得不上当。

【心得精要】

在敌众我寡的紧急关头大胆运用这种策略，更显得奇之又奇，无从揣测。 古人用兵，讲究的是"虚者实之，实者虚之"的逆反用计，空城计却打破了以往兵家的常规用计格局，以"虚者虚之"的反常递增设计，使虚虚实实变幻无穷，不再有固定模式。

第三十三计 反间计

【本计旨要】

反间计最需要大智大慧，因为反间计的实施困难重重。 要听任敌人的奸细深入到自己的阵营中而又不能泄露真实有价值的消息给对方，这确实不是容易的事情。 为此必须要加强对间谍的控制，使其不能接触到真实的信息。 要在间谍的身边演一出大戏，这需要极强的纪律性才能加以保障。

【计名探源】

"反间计"之名源于《孙子兵法·用间》： "反间者，因其敌间而用之。"

《孙子兵法》是世界上最早论述用间思想的兵书，其中的《用间》被称为中国军事思想史上"第一部微型军事情报学著作"。在《用间》篇中，孙子将间谍分为五种类型，即乡间、内间、生间、反间和死间。 所谓"乡间"，是指利用敌方的同乡、亲友打入敌人内部；所谓"内间"，是指利用敌方的官员充当间谍；所谓"反间"，是指利用敌方的间谍充当我方间谍；所谓"死间"，是指故意制造并散布假情报，让我方间谍知道，然后传给敌间，而一旦敌人上当、真情暴露后，间谍将难免一死；所谓"生间"，是指能活着回来报告敌情的间谍。 此外，孙子还论述了用间的重要意义，并列举了历史上一些典型的用间案例，如伊尹在夏、吕牙（即吕尚）在殷（商）等。

孙子之后，其他兵书虽然有时也论及用间，但所论基本上都没有超过孙子的。清人朱逢甲著《间书》一书，列举了历史上大量的用间事例，以说明问题，但未做理论和学术探讨，所以此书实际上只是一部"中国古代间谍史话"，而不能当作学术论著看待。

【原典】

疑中之疑①。比之自内，不自失也。

【精义】

在敌人的疑阵中布下己方的疑阵，使敌内部自生矛盾，我方就可万无一失。

【读解】

所谓的反间，是诱使敌方间谍为我军所利用。这是一种"以其人之道，还治其人之身"的计谋。敌人派来的间谍是为了刺探我们的情报，给我们设下陷阱，我们则利用敌人布下的疑阵再迷惑敌人，这就是用敌人的人迷惑敌人。

在发现了敌人派来的刺探情报的间谍后，我方可以用金钱等收买他，也可以装作没发现而故意将虚假情报透露给他，这样敌人的间谍就能为我所用了。应用反间计的关键在于不声不响中，诱敌人上钩，从而"以子之矛，击子之盾"。

① 疑中之疑：句意为在疑阵中再布疑阵。

【活学活用】

活学活用:群英会蒋干中计

反间计在三国演义出现的次数比较多，最为人津津乐道的是周瑜与曹操的斗法。周瑜是江东东吴大军中一个足智多谋的统帅。他用反间之计，一举除掉了曹操手下两个得力的水军将领。

原来，曹军士兵，多系北方人，不习水战。曹操在占领荆州之后，便用降将蔡瑁和张允为都督，训练水军，为扫平江东做准备。蔡、张二人，久居荆州，深得水战之妙。由他们训练水军，对江东显然是一种潜在的威胁，周瑜深为忧虑。一天，周瑜正在帐中议事，有人通报故人蒋干来访。周瑜对众将作了一番部署，遂整衣出迎。

蒋干，字子翼，与周瑜自幼同窗，交情颇厚，现为曹操帐下幕宾。这次，他是主动请命前来江东的，目的是要说动周瑜投降。对此，周瑜自然心中有数。所以，他一见面就把蒋干的嘴"封"了起来：他命大将太史慈监酒，声称"今天是老同学相见，但叙朋友之情，不言军旅之事，有言之者当即斩首"。然后，他又以江东精勇雄壮的士兵、堆积如山的粮草和众多的文武英杰，夸示蒋干，使得蒋干始终无法开口道出说词。欢宴之后，周瑜一定要与蒋干同榻而眠。他故作大醉之状，和衣而卧，呕吐狼藉，一会儿就鼾声如雷。蒋干因心中有事，难以入睡，二更即起，见帐内残灯尚明，桌上堆着文书，便下床偷看，他见有蔡瑁、张允写给周瑜的一封投降书信，不禁大惊，忙将其藏到了身上。这时，周瑜在床上翻了个身，说起了梦话，道是数日之内要让蒋干看那曹操的脑袋。蒋干连忙熄灯上床。将近四更时分，只听得有人进帐唤道：

"都督醒了吗?"周瑜装作梦醒的样子,故意问那人说:"床上睡的是什么人?"那人答道:"都督请子翼一同睡觉,怎么忘记了?"周瑜懊悔地说:"我平日从未醉酒,昨天喝醉了,不知可曾说过些什么?"那人道:"江北有人过来。"周瑜小声喝道:"低声!"又叫:"子翼。"蒋干装作睡着,一声不应。

周瑜同来人悄悄走出帐外,蒋干则在帐内偷听。 只听来人在外面说:"蔡、张二位都督道:'急切中无法下手。'"后面的话因声音太小,无法听清。 一会儿,周瑜回到帐内,又叫:"子翼。"蒋干不应,仍然蒙头假睡。 周瑜遂脱衣就寝。 蒋干暗想:这周瑜是个精细人,天亮后若不见了蔡、张二人的书信,岂肯与我干休? 因此,刚到五更,即趁周瑜熟睡之机,悄悄溜出帐外,叫上随身带的小童,飞快地赶到江边下船回江北去了。

蒋干回到江北,去见曹操。 曹操问道:"子翼,事情办得怎么样?"蒋干回答说:"周瑜雅量高致,不是言词所能打动。"曹操十分不悦,道:"事情没有办成,反让人家笑话!"蒋干说:"虽然没能说动周瑜,却为丞相打听到一件重要事情。 请屏退众人。"待左右之人退下,蒋干取出书信,并将听到的事情一一告诉了曹操。 曹操大怒道:"这两个贼人竟敢如此大胆!"遂唤蔡瑁、张允入帐,未容二人分辩,即命武士推出斩首。 这样,大战尚未开始,曹军最为得力的两个水军将领,就被周瑜以反间之计轻而易举地除掉了。

周瑜的反间计,就是发现蒋干的意图后,并不将其抓捕,也不加以收买或挑明,而是故意制造一些假象,将计就计让敌间谍当成重要情报送回去,以造成敌方指挥官在判断上的失误达到自己的目的。 这并不是一件容易的事,稍有不慎,就会露出破绽,从而被敌人识破,以致前功尽弃。

【心得精要】

反间计可以说是一种低成本高回报的策略，实际效果往往好得惊人。 反间计的关键是"以假乱真"，要通过种种方法制造虚假的现象，在敌人的反间面前展现出一个既合情合理，又天衣无缝的骗局，这样才能使敌人信以为真，放心地把虚假的情报当做真实情报送出去。 除此之外，要通过一系列的行动呼应这个假消息，使得敌方对假情报更加坚信不疑，这样才能在关键时刻用假消息摧毁对方。 不能小看这种配合以及互动，它直接关系着计策的成败。

第三十四计　苦肉计

【本计旨要】

苦肉计的要点就是"假真"，利用的是人们不相信人会自己害自己的心理。因为当一个人受到迫害时，人们总认为他是受害者，而不会想到他是主动受苦，所以此计谋才可以施用。

【计名探源】

一说到"苦肉计"，人们就会很容易地想到《三国演义》中的黄盖，以至于民间都有"周瑜打黄盖——一个愿打，一个愿挨"的歇后语。其实，《三国演义》描写的东吴老将黄盖向都督周瑜密献诈降计并情愿配合他接受棍棒刑罚的"苦肉计"的故事，纯系虚构。不过，虚构归虚构，我们却不能说它是没有真实生活依据的胡编滥造。

据《吕氏春秋》记载，早在夏朝的时候，商汤为了获取夏的情报，准备派伊尹前去充当间谍。他怕夏人不相信伊尹，就采用了"苦肉计"——假装与伊尹反目，并亲自箭射伊尹，而伊尹"逃"到夏朝后，果然得到了夏人的信任。伊尹在夏朝一共待了三年，获得了大量的重要情报，然后回到汤的身边，为后来的商汤灭夏发挥了关键作用，建立了不朽功勋，从而成为汤的开国功臣。这可能是我国历史上有文献记载的最早的"苦肉计"。

甚至，就连第二次世界大战期间的珍珠港事件和2001年的

"9·11"事件，现在都有人认为那其实都是当时的美国政府实施的"苦肉计"：前者的目的是为了动员美国民众参战，后者则是为发动阿富汗战争和伊拉克战争寻找借口。实际上两次事件发生之前，当时的美国政府都已经得到有关情报了，只是他们不仅不想阻止事情的发生，而且还要对其加以利用罢了。

【原典】

人不自害，受害必真；假真真假，间以得行。① 童蒙之吉，顺以巽也。②

【精义】

常人不会自己伤害自己，所以一旦受到伤害，必定是真实的；若能以假乱真，令他人信以为真，离间之计就可以施行了。就像欺骗蒙昧无知的幼童一样迷惑敌人，顺势实施自己的计谋。

【读解】

"苦肉计"的核心意思是：通过"自残"获取敌人的信任，并进而打入敌人内部，以获取敌方情报。正如解语所说，按照常理人是不会自己伤害自己的，尤其是那些性质严重的伤害，如断臂、杀亲等。所以，这样的事情一旦发生，别人就往往认为他真的受到了伤害。按照敌人的朋友一般也多是自己的敌人、敌人的敌人

---

① 人不自害，受害必真；假真真假，间以得行：（正常情况下）人不会自我伤害，若他受害必然是真情；（利用这种常理）我则以假作真，以真作假，那么离间计就可实行了。

② 童蒙之吉，顺以巽也：语出《易经·蒙》卦。本卦六五，《象》辞："童蒙之吉，顺以巽也。"本意是说幼稚蒙昧之人所以吉利，是因为柔顺服从。

则往往是自己的朋友的常识判断，这些受到敌人严重伤害的人，则正是我们应当加以信任和利用的人。 这里，我们说的都是常理，而常理往往会让人的思维形成习惯，形成定式，一旦遇到这样的事情，便很自然地按常理去推断。 于是，这种思维习惯和思维定式，便为"苦肉计"的实施奠定了社会心理方面的基础。

其实，顺应社会的常理和人们的心理而采取策略，几乎是实施所有计谋的一个基本要求。 否则，将很难获得成功。 所以，为将者必须通晓社会的一般道理和人类的普遍心理。 所以，孙子在《九地》中曾将"人情之理"列为"不可不察"的重要内容之一。

【活学活用】

活学活用：周瑜打黄盖

三国时候，曹操率领大军准备攻打东吴。 东吴老将黄盖见曹操水寨船只一个挨一个，又无得力指挥，建议周瑜用火攻曹军，并主动提出，自己愿去诈降，趁曹操不备，放火烧船。 周瑜说："此计甚好，只是将军去诈降，曹贼肯定生疑。"黄盖说："何不使用苦肉计？"周瑜说："那样，将军会吃很大的苦头。"黄盖说："为了击败曹贼，我甘愿受苦。"第二日，周瑜与众将在营中议事。 黄盖当众顶撞周瑜，骂周瑜不识时务，并极力主张投降曹操。 周瑜大怒，下令推出斩首。 众将苦苦求情："老将军功劳卓著，请免一死。"周瑜说："死罪既免，活罪难逃。"命令重打一百军棍，打得黄盖鲜血淋漓。

周瑜苦打黄盖，文臣武将都为黄盖叫屈说情，只有诸葛亮和阚泽看出是用苦肉计，在一旁微笑不语。 事后，黄盖暗暗去访问阚泽，阚泽一下子就戳破了这层窗户纸。 黄盖知道他一向有勇有谋，能说会写，眼下又果然这样有见识，非常高兴，就请他代写一封给曹操的诈降书，阚泽一口答应了，他问："什么时候要这封信呢？""越快越好。"黄盖眼看军帐外边，见已日上三竿，有点为难地说："一天一夜就写出来，我明日这个时候来拿，怎么样呀？""那太迟了，拖长时间容易走漏风声。"阚泽说："我黄昏以前写好，你好乘黑夜让人偷偷送过江去诈降。"

黄盖觉得，这诈降书是假戏真做，一句话写不好就会露出马脚，坏了大事，所以很不容易写。要是只给他一天时间，未免太短了。他很不放心，中午就要人去看阚泽写得怎么样了，当时他正在喝酒，像是忘了这件事。下午再去看时，他又在蒙头大睡，那里有点准备写信的样子！黄盖急了，亲自跑去，正碰上阚泽才从床上起来，他看看太阳还没有落山，伸了个懒腰说："还早呢！"

黄盖也沉不住气了，他亲自磨好墨，摊开帛，请阚泽赶快动笔。急中风偏遇慢郎中，阚泽慢慢腾腾地洗了脸，斯斯文文地喝了杯茶，这才算从梦里完全醒过来。他坐下，拿起笔，挥动起来，像龙飞凤舞，写出来的字字句句非常得体，滴水不漏，转眼间就把诈降书写成了，这时候正黄昏。

黄盖看了诈降书以后，很满意。诈降书的大意是：盖被周瑜痛打，于病榻之上写此信，盖受曹厚恩，今日归命是其诚意。盖近期乘机插青龙牙旗率水军前来纳款请降。黄盖私下派人送信曹操，大骂周瑜，表示一定寻找机会前去降曹。曹操派人打听，黄盖确实受刑，现正在养伤。他将信将疑，于是，派蒋干过江察看虚实。

周瑜见了蒋干，指责他盗书逃跑，坏了东吴的大事。周瑜说："莫怪我不念旧情，先请你住到西山，等我大破曹军之后再说。"于是，就把蒋干给软禁起来了。

其实，周瑜想再次利用这个过于自作聪明的呆子，所以名为软禁，实际上又在诱他上钩。 一日，蒋干心中烦闷，在山间闲逛。忽然听到从一间茅屋中传出琅琅书声。 蒋干进屋一看，见一隐士正在读兵法，攀谈之后，知道此人是名士庞统。 他说，周瑜年轻自负，难以容人，所以隐居在山里。 蒋干果然又自作聪明，劝庞统投奔曹操，夸耀曹操最重视人才，先生此去，定得重用。 庞统应允，并偷偷把蒋干引到江边僻静处，坐一小船，悄悄驶向曹营。蒋干哪里会想到又中周瑜一计！ 原来庞统早与周瑜谋划，故意向曹操献锁船之计，让周瑜火攻之计更显神效。

曹操得了庞统，十分欢喜，言谈之中，很佩服庞统的学问。他们巡视了各营寨，曹操请庞统提提意见。 庞统说："北方兵士不习水战，在风浪中颠簸，肯定受不了，怎能与周瑜决战？"曹操问："先生有何妙计？"庞统说："曹军兵多船众，数倍于东吴，不愁不胜。 为了克服北方兵士的弱点，何不将船连锁起来，平平稳稳，如在陆地之上。"曹操果然依计而行，将士们都十分满意。

万事俱备之后，黄盖在快舰上满载油、柴、硫、硝等引火物资，遮得严严实实，他们按事先与曹操联系的信号，插上青牙旗，飞速渡江诈降。 这日刮起东南风，正是周瑜他们选定的好日子。曹营官兵，见是黄盖投降的船只，并不防备，忽然间，黄盖的船上火势熊熊，直冲曹营。 风助火势，火乘风威，曹营水寨的大船一个连着一个，想分也分不开，一齐着火，越烧越旺。 周瑜早已准备快船，驶向曹营，只杀得曹操数十万人马一败涂地。 曹操本人仓皇逃命，捡了一条性命。

人们都不愿意伤害自己，如果说被别人伤害，这肯定是真的。己方如果以假当真，敌方肯定信而不疑。 这样才能使苦肉之计得以成功。 这个计策其实是一种特殊做法的离间计，运用此计，

"自害"是真，"他害"是假，以真乱假。己方要造成内部矛盾激化的假象，再派人装作受到迫害，借机钻到敌人心脏中去进行间谍活动。周瑜打黄盖一个愿打，一个愿挨。两人事先商量好了，假戏真做，自家人打自家人，骗过曹操，诈降成功，火烧了曹操八十三万兵马。

【心得精要】

"苦肉计"，顾名思义，关键在两个字：一个是"苦"，一个是"肉"。所以，我们注意到，施用此计的人所苦的是自己的肉体，而不是自己的心志。他们为了达到某种特殊的目的，可以故意伤害自己的身体，但他们的精神却是因为做出了这样有意义的牺牲，从而更加崇高。

苦肉计不仅是一个"苦"计，而且还是一个"险"计。如果敌人是铁石心肠或识破，不但自我伤害之苦要白白忍受，而且连性命也保不住。因此，在可用可不用之时，尽量不用本计。

第三十五计　连环计

【本计旨要】

此计的本意是由于敌人十分强大，互为同盟，朋比为奸，相互勾结，在这种情况下，不可强攻，只能智取巧破。 而运用引发矛盾、伺机暗控的方式，使政敌内部互相倾轧、争斗，彼此摩擦，以消耗敌之有生力量。 在敌疲内伤的情况下，施计者再寻时觅机，一举将敌人歼灭。 这一过程中，施计于敌之内部与行谋于敌之外攻，均是内外结合，互行互补，宛若环环相连，节节相加一般，使强敌无喘息之机。 只有如此，施计者所要达到的战略意图才有可能实现。

【计名探源】

此计名称的由来，源于古代的小说与戏曲。 明人罗贯中在《三国演义》一书中，便有"王允巧施连环计"的故事情节。 其实，"连环计"一词，又系作为根据元曲上的"锦云堂巧定连环计"而来。 其具体内容，则是指东汉末年，王允与蔡邕巧设美人连环计，将美女貂婵先许配给吕布，后又送给董卓，从而激怒吕布，掀起义父义子之间的内部矛盾与剧烈摩擦，最后导致互相斩杀，借吕布之手诛除董卓的故事。 元曲的这段故事，到了明朝初年，人们又修改订正了元曲本事。 演绎为王允要暗算董卓，将一支"玉环"交给貂婵，并授以密计，让她按计行事，终于获得成功。 于是便将此戏曲改名为"连环计"。 在《三国演义》中，罗贯中又将此故事情节加入诸多民间传说，进行艺术加工，于是更富有戏剧特色，情节更加生动，人物的艺术形象也更为丰满，用计的过程也更为详尽和富于情趣。 至此，"连环计"一名，便在民间不胫而走，成为家喻户晓的用计代名词。 至于吕布、董卓戏貂婵，貂婵施计于董、吕，则更是民人所津津乐道的故事。 此一曲折故事又几乎成为"连环计"的代名词。

【原典】

将多兵众，不可以敌，使其自累①，以杀其势②。在师中吉，承天宠也。③

【精义】

敌人兵力强大，我不能与之对抗时，就要想办法让敌人自相牵制，以削减其气势。将帅巧妙地运用此计，定能克敌制胜，就如同有上天保佑一样。

【读解】

"连环计"的核心意思是：以两条以上的计谋配合使用，首先陷敌于被动，减杀其优势，然后战胜敌人。

从解语可以看出，此计是处于劣势的一方应当选用的一种策

---

① 自累：指自相拖累，自相钳制。
② 以杀其势：杀，减弱、削弱、刹住。势，势力、势头。杀其势，这里是指减弱、刹住敌军来势汹汹的势头。
③ 在师中吉，承天宠也：语见《易·师·象》："在师中吉，承天宠也。"师封九二以一日而统群阴，处于险中，然而刚而得中，得制胜之道，所以吉利，无咎，犹如秉承上天锡命一样得宠。

略。 战争中，当对手过于强大时，劣势的一方不可能轻而易举地克敌制胜，必须通观全局，从实际出发，照顾各个环节，制定一系列的可靠措施，犹如现代拳击一样，向敌人发起连续攻击，以期获取最后的胜利。 这当中，"使其自累"非常关键。 因为，敌人一旦"自累"，就等于被捆住了手脚，原来所具有的优势就将无法发挥出来。 如《三国演义》中描写的两个"连环计"即是如此：前者，董卓是因中了美人计而"自累"于自己的义子吕布，原来的义子变成了逆子，优势变成了劣势，但自己还被蒙在鼓里；后者，曹操是因为中了庞统的"连环计"而"自累"于战船相连，无法机动，一旦遭遇火攻无法逃遁，优势同样变成劣势，而曹操同样也被蒙在鼓里。

由此例看来，对于连环计有两种理解。 一是"使敌自累"。在敌人相互勾结，形成强大的实力，我方无法直接攻击时，为削弱敌人的实力，我方可采取制造矛盾、各个击破的手段，可以在战略上使敌人背上包袱、自相牵制，把战线拉长、兵力分散，为我军集中兵力、各个击破创造有利条件。 这也是连环计在谋略思想上的反映。 二是"机巧贵连"，即对同一谋划对象使用两个或两个以上的计谋，这些计谋环环相扣，横向相辅，纵向相贯，相得益彰。

总的来说，由于战场上的形势复杂多变，对敌作战时，使用计谋应该是每个优秀指挥员的本领。 而双方指挥员都是有经验的老手，只用一计，往往容易被对方识破。 而一计套一计，计计连环，作用就会大得多。

【活学活用】

活学活用：子贡游说各国以救鲁国

孔子门下有七十二贤人，独有子贡颇懂兵法长于谋略，孔子对其最为器重。爱才的孔子曾把子贡比喻为瑚琏。瑚琏者，宗庙之贵器也。用现在的话说，就是国家的栋梁之才。

春秋乱世，战事频繁。其时，齐国权臣田常欲作乱，但又畏惮高、国、鲍、晏等大臣，于是劝齐国国君兴兵伐鲁，企图削弱诸臣。

孔子得知消息以后，很是为自己国家的前途担忧，便对弟子们说："鲁国乃父母之国，国危如此，你们为何不出？"子路、子张、子石等请行，孔子皆不准，知道他们不是那块料。子贡请行，孔子不仅非常痛快地答应了，还为子贡饯了行，嘱咐他一定不辱使命。

使命在肩的子贡马不停蹄地来到齐国，摇动三寸不烂之舌，对齐国权臣田常说："君兴兵伐鲁不是步好棋。鲁是难伐之国，其城墙薄而低矮，其土地狭而浅薄，其君主愚蠢而不仁，其大臣虚伪而无用，其人民厌恶战争。这样的国家不可与之交战。君不如伐吴。吴国城高而厚，地广而深，兵甲坚而新，将士精悍，武器装备精良。这是最适宜讨伐的国家。"

田常一听，气得脸色都变了，说："先生所说难攻打的，都是大家认为容易的；先生认为容易攻取的，谁都知道是最难的。先生如此教我，究竟什么意思？"子贡回答道："我听说，忧患在内者攻强敌，忧患在外者攻弱敌。现在您的忧患在国内。我听说君曾三次欲加封而不获成功，就是因为有大臣不赞同。齐国若伐鲁获胜，则齐国疆域扩大，国君威望大增，大臣地位更加巩固，而君却无功可言。国君就会日渐疏远你，君若欲成就大事，就难上加难了。更有甚者，君在齐国的地位和处境也危险了。所以我认为不如伐吴。吴国强大，伐吴不胜，损兵折将，大臣内空，如此一来，孤主在上，只有依赖君了。"田常一听，不觉击掌称善，便问道："我们已出兵伐鲁，若转而伐吴，大臣怀疑我，该怎么办？"
子贡说："君暂时按兵不动，我请出使吴国，说动吴国救鲁而伐齐，君就可以移兵迎吴了。"

于是田常就派遣子贡出使吴国。 子贡对吴王说："当今之诸侯国，惟齐与吴最为强盛。 现在齐以万乘之国而伐千乘之鲁，与吴国争强，我为大王深感忧虑，特请大王救鲁伐齐。 救鲁可以显名，伐齐则有大利。 大王挥师北上，诛暴齐，服强晋，存亡鲁，镇抚泗上诸侯，一举而称霸，利莫大焉。"吴王说："您所言极是。 但是我忧虑的是，越国有报仇之心，待我灭越以后再北上救鲁如何？"子贡说："越国之弱胜于鲁国，吴国之强不如齐国。 王若置齐而伐越，齐国早已灭掉鲁国了。 大王既然追求存亡继绝的名声，又畏惧强齐而攻灭弱越，岂能显示大王之勇！保存越国，可以向诸侯显示大王之仁；救鲁伐齐，威加晋国，诸侯必相率而朝吴，大王不就成就霸业了吗？如果大王还担心越国，臣请东见越王，令其出兵随大王北上。"吴王大喜，就让子贡出使越国。

越王听说子贡到来，亲至郊外迎接。 越王说："此乃蛮夷之国，大夫何以辱而临之？"子贡说："我此次前往吴国，劝说吴王救鲁伐齐，吴王非常愿意，但又担心越国，想伐越后再北上。 这样，越国就危在旦夕了。"勾践请求子贡出谋救越。 子贡说："吴王为人凶狠而残暴，群臣不堪；国家连年战争，士卒疲敝，不堪忍受；百姓怨声载道，大臣人心混乱，忠臣伍子胥强谏而死，佞臣太宰伯专权。 所有这些都显示出吴国的败亡之象。 王若能出兵助吴伐齐，以骄其志，送以重宝以悦其心，卑辞以尊其威，吴王必定挥师北上伐齐。 吴王被打败，此乃大王之福；吴王若胜，必然兵临晋国。 臣请北见晋君，使其共同攻打吴国。 其精锐被齐国削弱，大军又困于晋，吴军实力必然削弱，然后大王乘其弊，必然灭亡吴国。"越王勾践非常高兴。

子贡辞别越王，回到吴国，将越国愿意出兵助吴攻齐之事告诉吴王。 果然没过几天，越国大夫文种就带着重礼来到吴国，向吴王表达越王愿亲自率兵助吴攻齐的诚意。 吴王大喜，对子贡说："越王愿亲自随从寡人伐齐，先生以为如何?"子贡说："这不妥。 诸侯会认为大王不义。 大王只要接受礼物，同意越国出兵，谢绝越王亲临就行了。"吴王采纳了子贡的建议，于是举倾国之师北上伐齐。

子贡又到晋国，对晋君说："齐国与吴国即将开战，若吴国战败，越国必然乘势攻吴。 若吴国打败齐国，吴国必然兵临晋国，晋国不可不预先防备。"晋君一听，感到非常恐慌，就问子贡该如何应对。 子贡说："唯有厉兵秣马，才有备无患。"

后来事态的发展果然如子贡所预料的那样。 吴国与齐国在艾陵大战，大破齐师，然后兵临晋国。 吴晋两军大战于黄池，晋国打败了吴国。 越王得知消息以后，即出兵偷袭吴国。 吴王得知越国攻吴，便急忙撤兵而回，与越国交战，最后被越国打败，吴王夫差自杀，吴国灭亡，越王勾践夺得了霸权。

子贡不愧为春秋时期一位卓越的政治家、军事谋略家、外交家，他之所以游说成功，关键在于他能准确掌握当时的国际形势和各国之间的关系，又能把握田常与夫差的心理和性格，因势利导，设下连环计，使各国按其部署行事。

【心得精要】

连环计，指多计并用，计计相连，环环相扣，一计累敌，一计攻敌，任何强敌，无攻不破。 此计正文的意思是如果敌方力量强大，就不要硬拼，要用计使其自相钳制，借以削弱敌方的战斗力。

巧妙地运用谋略，就如有天神相助。

此计的关键是要使敌人"自累"，就是指互相钳制，背上包袱，使其行动不自由。 这样，就给围歼敌人创造良好条件。

战场形势复杂多变，对敌人作战时，使用计谋，是每个优秀指挥员的本领。 而双方指挥员都是有经验的老手，并用一计，往往容易被对方识破。 而一计套一计，计计连环，作用就会大得多。

第三十六计　走为上策

【本计旨要】

本计意指事情发展到别无良策之时，只能选择出走。军事上运用此计，多是由于敌强我弱，且无良策得以取胜，为了保全势力，因此主动撤退。

【计名探源】

"走为上"是"三十六计，走为上计"的缩略语。这是一句流传极广的俗话，出自《南齐书》和《南史》中的《王敬则传》。原文是："檀公三十六策，走是上计。"这里的"檀公"，指南朝时宋名将檀道济。檀道济虽是名将，但并无兵书传世，文中的"三十六策"与时下所说的"三十六计"有无关系、是什么关系，现在都无从查考。不过，现在流传于世的《三十六计》一书，按语和跋肯定不是宋代以前的人撰写的，至多是元代以后的人所撰；至于此书的解语（或称原文），究竟系何时何人所写，与檀道济有无关系，至今仍然是个谜。

"走为上"的"走"，与我们现在所说的"走"的含义并不是同一个概念。在古代，慢走称为"步"，快走称为"趋"，快跑称为"走"。所以，那个时候的"走"，相当于现在的"跑"。在古代军事学上，"走"是指败逃、逃跑。《孙子兵法》"以一击十，日走"指的就是逃跑。

但是，"走为上"中的"走"，却不能理解为"败逃"或"逃跑"，而应解释为"退走"，用今天的话说就是"退却"。为什么这样说呢？因为前者是被动的，而后者是主动的。前者是因败而逃，而后者则既可能是真正的退走，也可能本来处于优势，只是为了调动敌人而走。所以，这二者是不可混为一谈的。

【原典】

全师避敌。① 左次无咎，未失常也。②

【精义】

全军退却，避开强敌，以此保存实力，这并没有过错，也不违背正常的用兵之法。

【读解】

"走为上"的核心意思是：在形势不利时"全师避敌"，主动退却。

战争的基本形式是进攻与防守，而联结进攻与防守的则是"走"。所以，"走"应当是所有战争的一个重要组成部分。

但是，在古今中外军事史上，认真研究在战争中究竟应当如何"走"的，却并不多。虽说据《南齐书》记载是檀道济最早提出了这一策略，但其毕竟未能从理论上对这一策略进行阐释。如今

---

① 全师避敌：全，保全。本句的意思是，保全自己的部队，避开强大的敌人。

② 左次无咎，未失常也：本句出自《易经》"师"卦。"左次无咎，未失常也"的意思是说军队在左边扎营，没有危险。其比喻意义是扎营在左或在右要依形势而定，并没有一定之规。

《三十六计》将"走为上"作为一条计谋单独提了出来并进行研究，应当说是难能可贵的。尽管它赋予"走"的意义仅限于劣势情况下的主动退却，即"全师避敌"，但这也已经很不容易了。因为在整个古代战争史上，"走"其实就是指被打败之后的逃跑，是一种不得已的行为。所以，在这个问题上，《三十六计》是具有开创意义的。

明知自己处于劣势，还要与敌人死打硬拼，无论是进攻还是防守，都是极为愚蠢的。在这样的情况下，"全师避敌"，主动退却，是唯一明智的选择。俗话说："留得青山在，不怕没柴烧。"只要能将部队保存下来，日后就有可能战胜敌人；否则，本钱没了，就什么也谈不上了。由此观之，"走"的的确确是上策，"走为上"名实相副。

不过，在《三十六计》之上，还有一个更高层次的"走"。这种"走"，既不是被动的败逃，也不是主动的退却，而是为调动敌人而实施的运动。这样的"走"不仅能走出主动，而且能走出战机，可说是掌握战场主动权的一把钥匙。所以，这样的"走"不仅是摆脱不利局面的具体手段，更是灵活用兵、克敌制胜的谋略艺术。

【活学活用】

活学活用：晋文公退避三舍

很多时候，或许突然之间你发现自己已经陷入了对方所设之局当中。这个时候对方已占明显优势，我方不能战胜它，你只有三条出路：投降，讲和，撤退。

三者相比，投降是彻底失败，你将永远没有他日重新破局的机会。 讲和也是一半失败，因为讲和肯定是以你自己的巨大牺牲为代价的，不然对方没有理由跟你和。 但是暂时的撤退，避开他的锋芒，这样做不能算失败。 撤退，可以转败为胜。 当然，撤退绝不是消极逃跑，撤退的目的是避免与敌主力决战。 主动撤退还可以诱敌，调动敌人，制造有利的战机。 总之以退为进。

因此，走为上，指当我陷入对方所设之局当中，敌我力量悬殊的不利形势下，采取有计划的主动撤退，避开对方的锋芒，寻找其他的机遇，以退为进。 这在谋略中也应是上策。

晋献公晚年宠爱骊姬，骊姬为了要立自己的儿子奚齐做太子，逼死了原来的太子申生，逼走了献公的另外两个儿子夷吾和重耳。重耳在外流亡十九年，辗转八国。

当他到楚国时，楚成王预见他有可能回国做国君，因此非常热情地接待他。 在一次宴会上，楚成王问重耳："公子如果回到晋国，拿什么来报答我呢？"

重耳回答说："美女和金银财宝，大王都有的是；珍贵的鸟羽兽皮和象牙，也是由贵国出产，流散到晋国去的，都只是大王不要的了。 我还有什么东西可报答大王呢？"

楚成王笑着说："话虽如此说，但你总得拿点什么来报答我吧？"

重耳想了想说："如果托大王的福使我回到晋国，我一定不会忘记大王的恩德，今后如果晋楚两国交兵，我就先退九十里地让大王。 如果大王仍然不肯罢兵，那我才敢执鞭操弓与大王较量。"

后来重耳果然回国做了晋文公。 几年后，楚国进攻宋国，宋国向晋文公求援。 晋文公派兵先打败了楚国的盟军曹国和卫国，然后准备援救宋国。 楚成王命令尹子玉从宋国撤兵，不要与晋军交战，因为他始终觉得晋文公经过了十九年颠沛流离的锻炼，非常不简单。可子玉却认为晋军没有什么了不起，坚决要求与晋军对阵。

子玉率军气势汹汹地迎击晋军，晋文公要求晋军后退九十里以让楚军，一些军官们对此不理解，纷纷抱怨。跟随晋文公一起流亡过的子犯解释说："我们从前得到过楚成王的帮助，退避九十里地是对他的报答。如果我们退避后楚军也撤退了，那不是很好吗？如果我们退避后楚军还要继续进攻，那就是他们理亏了。那时，我们以逸待劳，后发制人，胜利必然是属于我们的。"

大家这才理解和信服，于是便退军九十里地。撤退九十里，已到晋国边界城濮，仗着临黄河，靠太行山，足以御敌。

子玉率部追到城濮，晋文公早已严阵以待。晋文公已探知楚国左、中、右三军，以右军最薄弱，右军前头为陈、蔡士兵，他们本是被胁迫而来，并无斗志。子玉命令左右军先进，中军继之。楚右军直扑晋军，晋军忽然又撤退，陈、蔡军的将官以为晋军惧怕，又要逃跑，就紧追不舍。忽然晋军中杀出一支军队，驾车的马都蒙上老虎皮。陈、蔡军的战马以为是真虎，吓得乱蹦乱跳，转头就跑，骑兵哪里控制得住。楚右军大败。晋文公派士兵假扮陈、蔡军士，向子玉报捷："右师已胜，元帅赶快进兵。"子玉登车一望，晋军后方烟尘蔽天，他大笑道："晋军不堪一击。"

其实，这是晋军诱敌之计，他们在马后绑上树枝，来往奔跑，故意弄得烟尘蔽日，制造假象。子玉急命左军并力前进。晋军左军故意打着帅旗，往后撤退。楚左军又陷于晋国伏击圈，又遭歼灭。等子玉率中军赶到，晋军三军合力，已把子玉团团围住。子玉这才发现，右军、左军都已被歼，自己已陷重围，急令突围。虽然他在猛将成大心的护卫下，逃得性命，但部队伤亡惨重，只得悻悻回国。

这个故事中晋文公的几次撤退，都不是消极逃跑，而是主动退却，寻找或制造战机。 所以，"走"，是上策。 走，不仅仅避开了对方气势汹汹的锋芒，更把对方引入自己的包围圈。

【心得精要】

走为上是三十六计的收尾篇，也是刀光剑影比较少的一计。为什么三十六计走为上？ 不是因为走是逃跑，而是因为走是转移。 逃跑和转移的区别在于，前者是应急性的具体行为，而后者是战略性的行为。 不争一时之意气，不争一城一地之得失，才能决胜于长远。 先难后获，正是人间正道是沧桑。